KB074832

흔들릴 줄 알아야
부러지지 않는다

인생의 무게를 반으로 줄이는 마음 수업

흔들릴 줄 알아야
부러지지 않는다

김정호 지음

달콤북스

진정한 행복을 원한다면 이 책을 꼭 읽어야 한다. 깊은 연륜으로 꽉 차 있는데 심지어 쉽고 재미있다. 모든 챕터가 꼭 나의 이야기를 하는 것처럼 막역하게 쓰여 있기 때문이다. 저자는 일상의 소소한 상황들, 내면의 감정과 생각들, 매 순간 나의 안팎에서 발생하는 모든 것들이 행복이라는 식탁을 풍성하게 채우는 소담한 재료라는 사실을 깨우쳐 준다. 이 재료들을 어떻게 요리하느냐에 따라 우리 삶의 행복과 불행이 결정된다. 김정호 교수의 깊은 지혜와 넓은 통찰에 몸과 마음을 맡겨 보자. 가장 가까운 곳에서 가장 충만한 행복을 찾는 기쁨을 맛보게 될 것이다.

강수원(밝은빛태극권 부원장)

이 지구에 와줘서 고마운 심리학자이자 명상(연구)가의 체현된 글이다. 이 책은 자연스럽고 지혜로운 책이며, 개인적 경험을 담은 사적인 책이기도 하다. 김정호 교수의 글은 우리의 몸과 마음이 알아차림(자각)을 통해 어떻게 외부 세상과 '있는 그대로'의 통찰적인 관계를 맺을 수 있는지를 관조하도록 안내한다. 이 책을 가만히 주의 기울여서 읽어 나간다면, 자신의 몸-마음-가슴에 관한 사용 전략을 스스로 알게 될 것이다.

김정숙(아시아행복연구원장, MBSR 및 MSC 국제지도자)

우리는 일상을 살아가는 자신의 몸과 마음에 대해 얼마나 알고 있을까? 많은 사람들이 실제로는 자신의 몸과 마음을 잘 모르면서도, 때로는 안다고 착각하며 살아가고 있을 것이다. 이 책은 그런 우리에게 몸과 마음의 기본적인 사용법을 알려 준다. 마치 처음 접하는 물건의 사용법을 쉽게 풀어쓴 설명서처럼, 이 책을 통해 저자는 자신의 오랜 경험으로 터득한 몸과 마음의 현명한 사용법을 사려 깊게 안내한다. 책에서 저자가 권하는 마음 수행을 하나하나 가벼운 마음으로 실천해 나가다 보면, 나도 모르는 사이 행복이 한 걸음 가까워져 있을 것이다.

전진용(울산대학교병원 정신건강의학과 교수)

현실적이다! 뜬구름 잡는 이야기가 아니다. 당장 지금 실생활에서 사용할 수 있다. 실증적이다! 오랜 경험의 심리학자답게 탄탄한 이론을 적용하고 실제로 효과를 거둘 수 있는 방법을 다룬다. 경험적이다! 이론에 그치지 않고 다양한 대상에서 확인된 노하우만을 다룬다. 필수적이다! 몸과 마음의 사용법을 모르고 살아온 우리에게 가장 기본적인 사용 전략과 실행방법을 안내한다. 수행적이다! 이 책을 읽는 것 자체가 수행이요, 마음공부이며 행복과 성장을 향한 수련이다.

채정호(가톨릭의대 정신건강의학과 교수)
《고통의 곁에 우리가 있다면》저자

김정호 교수의 글은 차분하다. 일상의 경험이 진솔하게 기록되어 있는데, 문장 하나하나 속에 지혜가 들어 있다. 계율을 지키며 살아가면서 집중력을 키워서 지혜를 얻도록 부단히 노력해가는 그의 모습은, 요란스레 부처님의 가르침을 강조하지 않아도 그의 글 속에 은은히 살아있다. 이 책을 읽어가다 보면, 당신도 어느덧 입가에 미소를 짓게 될 것이다.

회인 최영희(메타 통합심리치료 연구소장)
《공황장애 극복 설명서》저자

오늘의 당신은
어제보다 지혜롭다

인생이란,
폭풍이 지나가길 기다리는 게 아니라,
그 빗속에서 춤추는 법을 배우는 것이다.

비비안 그린Vivian Greene

자연의 한가운데에 당신이 우뚝 서 있다고 상상해 보자. 얼마 지나지 않아 당신은 몸을 스치는 바람과 반드시 마주할 것이다. 그 바람은 계절 따라 부는 계절풍일 수도 있고, 갑작스럽게 휘몰아치는 돌풍일 수도 있다. 서 있는 곳이 산이라면 산바람일 것이고, 강변이라면 강바람일 것이다. 여기서 우리 자신에게 질문을 한번 던져 보자. 바람의 원인을 안다고 해서 우리가 바람을 그치게 할 수 있을까? 아니면 바람이 잦아들기라도 할까? 그렇지 않다. 바람은 대기나 지형에 의해 자연히 불어올 뿐, 인간으로서 바람을 통제할 수는 없다.

우리 삶의 슬픔, 고통, 후회, 시련도 마찬가지다. 유독 삶이 힘든 시기를 질풍노도의 시기라고 일컫지 않는가? 이처럼 우리는 인생의 시련을 거친 바람과 같다고 비유한다. 시련은 계절풍처럼 삶의 특정 시점이 되면 관례처럼 찾아오기도 하고, 돌풍처럼 예상치 못한 순간에 휘몰아치기도 한다. 때로는 일절 관계없는 타인의 시련이 애먼 나에게까지 영향을 미쳐 억울하게 피해를 보기도 한다. 즉, 나로서는 통제할 수 없는 자연의 섭리이자 순리다.

이런 시련에 우리는 어떻게 대처해야 하는가? 누

군가는 시련에 굴하지 않고 맞서 싸워야 한다고 주장한다. 하지만 말처럼 쉽지는 않다. 저항하다가 오히려 더 크게 상처 입고, 심지어는 회복하기 어려울 정도로 무너져 버릴지도 모른다. 그렇다고 시련이 닥칠 때마다 도망치기만 한다면, 결국 아무런 해결책도 찾지 못한 채 옴짝달싹할 수 없는 궁지에 몰리게 될 것이다. 그래서 나는 어차피 내가 통제할 수 없는 바람이라면, 그저 바람 따라 흔들리기를 권해 본다.

인생이 항상 내 마음처럼 흘러갈 수는 없다. 늘 좋은 일만 있기를 바라지만, 크고 작은 고통과 슬픔, 걱정, 후회라는 피할 수 없는 매몰찬 바람이 내 마음의 어린 가지들을 흔든다. 하지만 삶이 흔들리는 순간 반드시 기억해야 할 것이 하나 있다. 삶의 시련은 결코 영원하지 않다는 사실이다.

　제아무리 요란한 태풍도 결국 지나가듯, 삶의 시련 역시 순간이다. 이 고통이 영원할 것만 같아도, 시간이 지나면 언제 그랬냐는 듯 일상을 되찾게 된다. 이렇게 잠깐 기다리면 지나갈 시련에 저항하다가 나를 잃어버리면 그만큼 억울한 일도 없지 않겠는가. 그러니 시련이 찾아오면 삶의 순리에 따라 그저 잠시 힘들어하고, 힘들었던 경험을 마음의 성장을 위한 먹이로 삼아 다시 나아가는 편이 현명하다.

　태풍이 지나간 뒤, 우리는 무너진 벽도 더 견고히 쌓고, 유리창도 더 튼튼히 고정하면서 다음 태풍에 더 잘 대비하게 되지 않던가. 우리의 삶도 마찬가지다. 한 번 시련을 겪고 나면, 이후 더 큰 시련이 찾아와도 쉽게 무너지지 않는 마음의 내성과 근력을 갖추게 된다. '태풍이 왜 하필 나에게 찾아왔는가?' 하며 원망하는 일에만 집착한다면 아무것도 달라지지 않는다는 사실을 기억하자. 집착하지 않고 내려놓으면 우리는 비로소 한 걸음 앞으로 나아갈 수 있다.

　이 책은 십여 년 전에 쓴 책을 지금 감각에 맞춰 새롭게 다듬고 편집한 것이다. 적지 않은 시간이 흘렀는데도 여전히 이 글은 우리의 삶을 반영한다. 시대는 바뀌어도 인생에는 늘 바람이 불기 때문일 것이다. 바람과 더불어 살아가는 지혜를 얻는 데 조금이라도 힘이 될 수 있다면, 더 바랄 것이 없겠다.

　이 책에서 설명하는 몸과 마음을 다스리는 방법들은 하루아침에 만들어지는 것들이 아니며, 각자가 자신이 처한 현실에 맞게 고쳐 가면서 완성해 나가야 하는 것들이다. 이런 점에서 나 역시 여전히 이 책의 독자이기도 하다. 그저 함께 읽고 실천하며 꾸준히 노력하고, 흔들리는 과정에서 아름다운 삶이 펼쳐지기를 기원한다.

차례

1장   나를 미워하면 온 세상이 적이 된다

2장   바꿀 수 없는 것을 바꾸려 애쓰지 않는다

1장

나를 미워하면
온 세상이 적이 된다

억지로 밀어내면
더 강하게 밀려든다

심리학자는 심리학적으로 여름을 시원하게 보낸다. 이게 무슨 말인가 하면, 내가 바꿀 수 없는 것(바깥 날씨)을 바꾸려고 애쓰는 대신 내가 조절할 수 있는 것(마음)을 잘 다스려서 여름을 건너간다는 뜻이다. 사실 날이 정말 뜨거워서 덥기도 하지만, 덥다는 생각에 괜히 더 짜증이 나고 불쾌지수가 올라가서 실제 더위보다 더 덥게 느끼기도 하지 않는가. 그러니 마음을 잘 다스리면 최소한 '내가 만드는 더위' 하나쯤은 없앨 수 있다. 어떻게 하면 마음을 잘 다스려서 마음이 부글부글 끓지 않도록 할 수 있을까?

저항하면 커지고 받아들이면 작아진다

마음을 다스릴 때 무엇보다도 중요한 것은 '받아들임'이다. 특히 마음에 들지 않는 것을 받아들이는 게 중요하다. 받아들이면 마음이 편해진다. 받아들이면 새로운 가능성이 열린다. 받아들이면 대인관계가 원만해진다. 받아들임의 반대말은 '저항'이다. 저항이란 주어진 조건 중 특히 마음에 들지 않는 것을 받아들이지 못하는 것이다. 저항하는 습관을 가진 사람들은 공통점을 하나 가지고 있는데, 바로 반추(되새김)를 많이 한다는 것이다. 마음에 들지 않는 일을 곱씹고 또 곱씹는다. 그렇다고 변화하는 것은 없고 더욱 괴로울 뿐인데 말이다. 저항하면 마음이 불편하다. 저항하면 새로운 가능성이 닫힌다. 저항하면 대인관계가 악화된다.

우리에게는 우리의 의지나 선택과 무관하게 주어진 조건이 많다. 나는 키가 작고 머리도 많이 벗겨졌다. 작은 키와 대머리는 내가 선택한 것이 아니다. 고민한다고 해서 작은 키가 커지고 벗겨진 머리가 빽빽해지는 것도 아니다. 받아들이지 않으면 괴로울 뿐이다. 이 외에도 우리는 저마다 삶을 괴롭게 만드는 조건을 가지고 있다.

가난한 집에서 태어난 사람도 있다. 친구는 한 달에 100만 원 넘는 용돈을 받으며 풍족하게 생활하고 있는데 자신은 힘들게 아르바이트하며 학비를 벌어야 한다. 받아들이지 않으면 어떻게 할 것인가? 왜 나는 이런 집에 태어났는가, 왜 우리 부모님은 경제적으로 유능하지 못한가 반추한다고 달라지는 건 없다.

부모가 일찍이 이혼한 가정에서 자란 사람도 있다. 친구들 부모님은 잘만 사는 것 같은데 그의 부모님은 이혼했다. 새엄마 혹은 새아빠와, 경우에 따라서는 새로운 형제자매와 함께 살아야 한다. 어떻게 할 것인가. 받아들일 수밖에 없지 않은가. 부모님을 원망한다고 바뀌는 것은 없다. 더욱 괴로울 뿐이다.

힘든 건 다 끝나고 이제 인생을 즐길 일만 남은 줄

알았는데, 예기치 못한 고통스러운 조건이 새롭게 찾아올 때도 있다. 아이들을 대학 보내고 이제 여유있게 살 만하다 싶었는데, 모시고 사는 시어머니가 치매에 걸린 주부처럼 말이다. 그럼에도 받아들여야 한다. 어떻게 나에게 이런 일이 생기느냐고 하늘을 원망해도 바뀌는 것은 없다.

행복한 연애를 하는 사람에게도 때때로 예상치 못한 조건이 찾아온다. 모처럼 잡은 데이트 약속에 애인이 늦게 나타나는 일처럼 말이다. 늦은 애인 탓에 함께 보려고 한 영화도 볼 수 없게 되었다. 충분히 짜증 나고 화날 만한 상황이다. 그러나 어쩌겠는가. 받아들이는 도리밖에. 왜 늦었느냐고 추궁한다고 늦게 온 것이 무효가 되는 게 아니다. 갑작스러운 회의 때문에 그랬다는데 어떻게 할 것인가. 이미 늦은 것을 가지고 자꾸 비난해 봤자 처음에는 미안해하던 애인마저 기분이 상해 상황이 더 나빠질 수 있다.

심지어 자신의 의지로 스스로 선택했어도 나중에 보면 괴로운 결과로 나타나기도 한다. 누구나 선망하는 대기업에 취업했다고 좋아했으나, 막상 입사해서 다니다 보니 과도한 업무와 경쟁적 분위기로 많은 스트레스를 받는 사례를 주변에서 많이 봐 오지 않았던가.

그럼에도 불구하고

자신의 의지로 선택했든 그렇지 않든 주어진 것에 대해 우리가 첫 번째로 할 일은 받아들이는 것이다. 주어진 조건을 받아들이지 못하면 귀중한 시간과 삶의 에너지가 저항하는 데 허비될 뿐이기 때문이다.

시간은 우리의 내적 고뇌를 자비롭게 기다려 주지 않는다. 주어진 것에 저항하는 동안에도 우리의 유한한 삶은 흘러간다. 그리고 저항하는 데 쓸데없이 삶의 에너지가 빠져나가 버리기 때문에 정작 생산적인 일에는 삶의 에너지를 쏟지 못하게 된다. 하지만 저항하는 대신 겸허히 받아들이면, 우리는 주어진 조건을 객관적으로 볼 수 있게 된다. 주어진 고통을 자신의 성장으로 승화시킬 수도 있다.

나는 키가 작고 대머리일 뿐이다. 그러나 나는 마음공부 하며 내 마음을 키우고 내 마음의 정원을 풍성하게 하기 위해 노력한다. 집이 가난한 사람은 다른 친구들은 경험하지 못하는 사회생활의 어려움도 이해하고 고난에도 쉽게 흔들리지 않는 인내심과 생활력을 기를 수 있다. 부모님이 이혼한 사람은 이른 나이에 사람과 사람 사이 관계를 깊게 고민해 볼 수 있다. 그 결과 인간관계 이해의 폭과 깊이가 넓고 깊어진다. 시어머니가 치매에 걸린 사람은 또 어떠한가? 시어머니의 치매를 통해 당연히 누리고 살았던 것이 사실 당연하지 않았음을 깨닫고, 사소한 행복에 큰 감사를 느끼게 될 수도 있다.

약속 시간에 늦은 애인을 둔 사람은 결국 영화는 못 보게 되었어도, 덕분에 처음 시도해 본 한강 둔치에서의 2인용 자전거 타기가 매우 즐겁다는 것을 알게 될 수도 있다. 대기업에서 스트레스를 받아 본 사람은, 그 스트레스를 통해 자신이 진정 원하는 것이 무엇이었는지 더 확실하게 깨닫게 되어, 자신에게 더 필요한 새로운 진로를 추구할 수도 있다. 또는 능력 개발에 박차를 가해 업무 능력과 인간관계 역량이 크게 발전할 수도 있다.

참고로 내 아내는 눈에 콩깍지가 꼈을 때는 잘 몰랐겠지만 살다 보니 내 키가 작은 것에 조금은 불만이 있지 않을까 싶다. 그래도 그럭저럭 받아들이고 있는 것 같은데, 가끔 이런 농담을 던지기도 한다. "키가 큰 남자들은 바지 길이가 다리미판보다 길어서 한 번에 다리지 못하고 나눠서 다려야 할 텐데, 당신은 키가 작아서 바지를 한 번에 쭉 다릴 수 있어 좋아." 웃어야 할지 울어야 할지, 쩝.

불행을 받아들일 때 진짜 행복이 온다

진정한 행복이란 즐거움만이 아니라 고통마저 받아들일 때 온다. 다시 말해 행복한 삶만이 아니라 불행한 삶마저 받아들일 때 진정한 행복이 오는 것이다.

많은 사람이 좋아하는 드라마를 잘 살펴보면, 주

인공이 늘 즐겁고 행복한 것만은 아니다. 오히려 갖은 고초를 겪는 경우가 많다. 그렇지만 그에 좌절하거나 주저앉지 않고 꿋꿋하게 살아가는 주인공의 모습을 보고 시청자들은 열광한다. 생각해 보라. 만약 주인공이 매번 성공하고 사람들에게 사랑받고 행복한 장면만 나온다면 누가 그 드라마를 보고 재미와 감동을 느끼겠는가.

인생에서 즐거움만 받아들이면 인생의 절반은 버리는 셈이다. 그뿐만 아니라 그 절반은 고통으로만 남을 것이다. 즐거움과 고통을 모두 받아들이면 마치 똥이 거름이 되듯이 고통이 성장으로 변화할 수 있다. 즐거움과 고통 모두 우리의 삶을 의미 있게 해 주고 우리를 성장하게 하는 먹이다. 기회 있을 때마다 자신이 어떤 것에 저항하고 있는지 관찰하고 하나씩 받아들이자. 받아들일 때마다 우리의 내면은 한 뼘씩 자란다.

진짜 적은
내 안에 있다

〈적과의 동침〉이라는 영화가 있다. 주인공인 아름다운 여인 로라는 잘생기고 돈까지 많은 남자 마틴과 결혼한다. 그런데 알고 보니 이 남자는 심한 결벽증과 의처증을 가진 사람으로 로라의 일거수일투족을 감시하고 폭행까지 일삼는다. 더는 참을 수 없었던 로라가 사망을 위장하고 도망가지만 마틴은 끝내 로라를 찾아내고, 결국 로라는 마틴을 총으로 쏘아 죽이고 만다.

이 영화가 상영된 이후, 서로 경쟁 관계인 적이지

만 서로의 이익을 위해 잠정적으로 함께 협조하는 관계를 가리킬 때 '적과의 동침'이라는 말이 종종 사용되고 있다. 하지만 이러한 말 쓰임새는 영화 〈적과의 동침〉의 내용과 다르다. 일상에서 쓰는 '적과의 동침'은 어쩔 수 없는 선택이라고 해도 서로의 이익을 위해, 윈-윈win-win을 위해, 상생相生을 위해 함께 협력하는 관계이지만, 영화에서는 한쪽이 이익을 얻으면 다른 한쪽은 반드시 손해를 보게 되는 제로섬zero-sum의 관계이기 때문이다.

따라서 상생하는 관계를 생각한다면 '적과의 동침' 대신, 적대 관계인 오나라 사람과 월나라 사람이 같은 배를 타고 가다가, 풍랑을 만나면 단합하여 서로 돕는다는 뜻의 사자성어 오월동주吳越同舟를 쓰는 것이 더 적절하다. 그러나 '적과의 동침'이라는 말이 요즘 사람들에게 더 큰 감각적인 호소력을 갖기 때문인지 일상생활, 특히 대중매체에서 더 많이 쓰이는 것 같다.

마음에도 적이 산다

자기 입맛에 맞는 사람들하고만 살 수는 없다. 얼굴이 똑같은 사람이 없듯이 성격과 욕구도 모두 제각각이다. 우리는 같은 지구에 살고, 같은 나라에 살고, 같은 회사, 같은 부서, 같은 집에 산다. 한 곳을 피해 다른 곳에 가더라도 또다시 마음에 들지 않는 사람들을 만나게 될 것이다. 어디를 가도 싫은 사람은 있다. 스스로 물이나 공기 같은 존재가 되지 않는 한 거슬리는 사람을 만날 수밖에 없다. '적과의 동침'을 피할 수 없는 것이다.

그런데 적과의 동침은 밖에만 있는 것이 아니다. 우리 자신이야말로 태어나면서부터 자신의 몸이라는 배에 다양한 '적'을 함께 태우고 동침해 오고 있는 장본인이다. 나는 '김정호'라는 배에 다양한 '적'을 태우고 함께 부대끼며 살아왔다. 지금 내 안에는 늦은 밤임에도 불구하고 원고를 마무리하고자 하는 '나(성취)'도 있지만, 쉬고 싶고 놀고 싶은 '나(놀이)'도 있다. '나(성취)'의 입장에서 '나(놀이)'는 성취를 방해하는 적이다. 반대로 '나(놀이)'의 입장에서는 놀이를 억압하는 '나(성취)'가 적이다. 내 속에는 얼마나 많은 '나'가 있는가! 맛있는 음식을 먹고 싶은 '나(먹기)'도 있고 날씬해지고 싶은 '나(외모)'도 있다. '나(외모)'가 볼 때 '나(먹기)'는 얼마나 원수 같겠는가. 또 '나(먹기)'가 볼 때 '나(외모)'는 얼마나 폭군처럼 보이겠는가.

틀린 게 아니라 다른 것이다

적이란 상대적 개념이다. 우리는 서로에게 적이다. 그리고 우리의 내면에도 '서로 다른 욕구'라는 적이 산다. 상반되는 욕구를 동시에 품고 살아가는 우리에게 '적과의 동침'은 필연이다.

어차피 피할 수 없는 것이라면 잘 다룰 방법을 찾는 게 현명하지 않겠는가. 성공적으로 적과 함께 나아가려면, 서로 '틀리다'고 배척하는 것이 아니라 각자 특성의 '다름'을 인정하고 존중하면서 조화의 길, 윈-윈의 길을 찾아야 한다. 적들이 공존하지 못한다면 함께 타고 있는 배가 침몰하고 만다.

'나(성취)'가 일방적으로 다른 '나'들을 억압하고 제거한다면 결국 견제받지 못한 성취욕의 독주로 몸의 건강을 잃을 것이다. 삼사십 대 근로자들의 과로사는 바로 이런 '나(성취)'의 일방적 지배에 따른 파국적 결과다. 또 '나(외모)'가 독재하면 건강을 잃을 뿐 아니라 최악의 상황에는 거식증에 걸려 사망에 이르게 된다. 나아가 서로 다른 종교가, 서로 다른 이데올로기가 상호 존중과 윈-윈의 길을 모색하지 않고 제로섬의 길을 고집할 때, 인류 사회는 파탄을 피하기 어렵다. 지구에 사는 다양한 생명과 함께 공존의 길을 추구하지 않고 인간 중심으로만 살려고 할 때 지구 생태계는 파괴되고 우리 모두의 집인 지구 역시 재앙을 맞게 될 것이다.

　우리는, 그리고 우리 내부의 다양한 욕구는 같은 배를 타고 있는 오나라 사람이고 월나라 사람이다. 그러므로 서로 싸워 배를 부수거나 전복해서는 안 된다. 서로 인정하고 존중하며 안전하게 배를 몰아 목적지에 도달해야 한다. 그 가운데 항해를 함께 즐길 수 있다면 더 바랄 것이 있겠는가.

　사회든 개인이든 건강하고 조화로운 공존과 성장을 위해서는 제로섬의 '적과의 동침'이 아니고 오월동주의 '적과의 동침', 즉 윈-윈의 '적과의 동침'이 절실히 필요하다.

있는 그대로
받아들이는 것이 먼저다

과거 심리학은 걱정, 불안, 우울과 같은 마음의 부정적 상태를 이해하고 문제점을 해결하는 데 치중해 왔다. 그러다 최근 들어 행복이나 즐거움, 만족과 같은 마음의 긍정적 상태를 이해하고 그 마음을 증진하는 데 더 많은 관심을 가지면서, 마음의 부정적 상태와 긍정적 상태 모두를 이해하려는 방향으로 발전하고 있다. 마음이 늘 부정적 상태에만 있는 것도 아니고, 항상 긍정적 상태를 유지할 수 있는 것도 아니기에 두 가지 상태를 모두 이해해야 마음의 균형을 잡을 수 있지 않을까 싶다.

먼저 마음의 긍정적 상태를 이해해 보도록 하자. 마음의 긍정적 상태란 마음이 행복이나 즐거움, 만족, 몰입, 사랑, 친밀감 등을 느끼는 상태를 말한다. 마음이 긍정적 상태에 놓이면 얻는 것이 많다. 연구에 따르면 행복을 느끼는 사람은 자신이 더 건강하다고 생각하며 실제로도 더 건강해진다. 행복을 느끼면 병에 걸릴 확률이 줄어들고, 더 오래 살고, 심지어 더 크게 성공하고, 더 많은 돈을 벌기도 한다.

마음의 긍정적 상태는 긍정적 특성에서 만들어진다. 긍정적 특성이란 외향성, 낙천성, 창의성, 강인성, 감사, 유머, 친절, 지혜 등 삶의 질을 높이는 데 도움이 되는 심리적 자원을 말한다. 이 특성들은 어느 정도는 선천적으로 결정되지만 후천적 노력으로 만들어지는 경우도 많다. 선천적으로 내향적인 사람도 타인에게 먼저 말을 건네는 등의 외향적인 행동을 연습하면 외향성이라는 긍정적 특성을 후천적으로 기를 수 있다. 정기적으로 삶에서 감사한 일을 떠올리고 그 일을 노트에 적는 행동은 감사라는 긍정적 특성을 길러 준다. 타인을 돕는 이타적인 행동의 실천은 친절이라는 긍정적 특성을 길러 준다. 또한 낙관성도 노력으로 기를 수 있다. 낙관성과 관련된 심리 연구에서, 실험 참가자들은 자신이 될 수 있는 최고의 모습을 매일 20분씩 나흘 동안 노트에 썼다. 실험 결과, 노트에 낙관적인 미래를 적은 것만으로도 참가자의 긍정적 기분이 즉각 고조되었고, 몇 주 지난 뒤에도 참가자들은 여전히 더 행복하다고 느꼈다. 심지어 몇 달 후에는 몸의 불편함까지 줄어들었다. 이처럼 꾸준히 긍정적 상태를 만듦으로써 긍정적 특성을 후천적으로 길러 나갈 수 있다.

부정적인 것에도 눈 감지 말아야 한다

누구든 긍정적 특성을 개발하여 마음을 긍정적 상태로 만들면 더 행복해지고 더 건강해질 수 있다. 그러나 긍정적인 것에 지나치게 집착하고 강박적으로 매달리는 태도는 바람직하지 않다. 유튜브나 인스

타그램 등 SNS가 발달하면서 요즘엔 어디에서나 긍정적으로 생각하라는 말을 듣곤 한다. 인스타그램에서는 아예 '좋아요'만 있을 뿐, '싫어요'는 존재하지 않을 정도다. SNS에서는 아무리 힘들어도 밝게 생각하라고 한다. 심지어 병상에 누워 있는 환자에게, 비록 고통스럽더라도 의료진이나 보호자에게 밝은 얼굴을 하고 '좋아지고 있다'는 감정을 드러내도록 암암리에 강요하는 경우까지 있다. 간절하게 소망하면 온 우주가 소원이 이루어지도록 도와준다는 메시지를 담은 책들이 베스트셀러가 되어 항상 긍정적으로 생각해야 한다고 주장하기도 한다. 생각에는 힘이 있어서 부정적인 생각을 하면 부정적인 결과가 온다고 하니, 부정적인 생각을 하면 안 될 것 같고, 그래서 사람들은 어떻게 해서든 긍정적으로 생각하려고 노력한다.

그런데 아무리 애써도 부정적인 생각이 계속해서 들면 어떻게 해야 할까? 긍정적으로 살려고 노력하는데 생각만큼 긍정적으로 되지 않는다면 내가 잘못된 것일까? 긍정적으로 생각해야 하고, 긍정적인 사람이 돼야 한다는 세상의 강요에 못 이겨 노력했지만, 부정적인 생각을 완전히 없애지 못했다면 내가 이상한 것일까?

사람이 항상 긍정적일 수는 없다. 안 좋은 일을 긍정적 태도로 바라볼 수는 있지만, 그렇다고 부정적 감정이 생기는 것까지 막을 수는 없다. 만약 부정적인 감정까지 막으려고 하면 감정은 왜곡되고 억압되며, 그 결과는 치명적이다. 특히 부정적인 것은 인정되지 않고 긍정적인 것만이 인정되고 존중받는 사회에서는, 긍정적인 생각을 못 하면 약하고 열등한 사람이 되어 버려 결과는 더욱 나빠진다.

현실을 긍정적인 시선으로 바라보고 낙관적으로 기대하는 것은 좋은 일이다. 그러나 있는 그대로의 현실을 외면하고 부정하며, 무조건 긍정적으로만 생각하면 부작용은 자못 크다. 또한 긍정적인 것만이 좋다는 긍정교敎의 신도가 되면, 현실감각이 사라지고 뜬구름 잡는 얘기나 하면서 꿈속에서 사는 듯한 삶을 살아갈지도 모른다.

무조건이 아닌 건강한 긍정이 필요하다

부정적 감정은 억압한다고 사라지지 않는다. 억압된 부정적 감정은 어디론가 사라져 버리는 게 아니라, 마음 한구석에 숨어 있다가 반란을 꿈꾼다. 여럿이 함께할 때는 명랑한 표정을 하다가도 혼자 있을 때 파도처럼 우울감이 밀려온다면, 억압된 부정적 감정의 반란 때문이다. 평소에는 남 얘기를 잘 들어주다가 어느 순간 별것 아닌 일에도 분노가 치솟아 스스로조차 놀라게 되는 것도 부정적 감정의 반란이다.

살아가면서 슬픔, 고통, 분노, 불안, 우울 등의 부정적 감정에서 자유로운 사람은 없다. 사랑하는 사람과의 이별에서 오는 슬픔은 정상이다. 정당하지 않은 행위를 보고 분노하지 못한다면 오히려 비정상이며 건강하지 못하다. 많은 사람 앞에서 발표해야 하는 상황에서 떨리고 불안한 것도 당연한 반응이다. 우리는 살면서 항상 기쁘고 감사한 마음을 갖지 못할 수도 있고, 친절을 실천하지 못할 수도 있다. 매사에 긍정적인 태도로 긍정적인 행동을 해야 한다는 강박에

사로잡혀 집착하면 오히려 불행해진다. 그러니 부정적 감정이 생겨난다고 무조건 긍정적 정서로 덮어서 눌러 버리려고 할 것이 아니라, 먼저 충분히 인식하고 받아들이는 태도가 필요하다. 내 삶에 좋은 것이든 나쁜 것이든 먼저 있는 그대로 받아들이고, 그것이 내 삶에 어떤 의미인지 곰곰이 생각해 봐야 한다.

최근에 '마음챙김mindfulness'이 유행하고 있는 것도 그런 이유 때문일지 모른다. 마음챙김이란 긍정적인 것이든 부정적인 것이든 마음의 현상을 있는 그대로 받아들이면서 마음의 힘을 키워가는 훈련법이다. 마음챙김을 하면 부정적 정서에 휘둘리지 않고, 부정적 정서를 회피하거나 억압하지도 않으면서, 있는 그대로 바라보는 힘을 기를 수 있다. 그 결과, 부정적 정서를 싫어하거나 두려워하지 않고 받아들이게 된다. 받아들임을 바탕으로 긍정 심리를 추구하고 실천한다면 '건강한 긍정'을 실현할 수 있을 것이다.

내가 나를
가장 모른다

나는 평소에 학교를 오갈 때 지하철을 많이 이용한다. 오며가며 다양한 사람을 마주하는데, 특히 금요일 밤에는 친밀감을 표현하는 젊은 커플들을 종종 볼 수 있다. 팔짱을 끼는 것은 다반사이고 포옹하거나 입을 맞추기도 한다. 당신은 이런 장면을 어떻게 보았는가?

그냥 커플만 보지는 않았을 것이다. 당신이 누구냐에 따라 다르겠지만, 아마 이런저런 생각을 했을 것이다. 현재 이성 친구가 없는 젊은 사람이라면 부럽다는 생각이나 질투가 샘솟았을지도 모른다. 나이 든 사람이라면 '꼭 공공장소에서까지 저래야 하냐, 요즘 젊은것들은 기본예절이 없다'는 등의 생각을 하며 불쾌했을 수도 있고, 더 나아가 그들에게 훈계했을지도 모른다. 눈앞의 커플을 있는 그대로 아무런 생각 없이 본 사람은 거의 없을 것이다.

있는 그대로 본다

마음챙김은 자신을 있는 그대로 보는 것이다. 눈앞의 커플을 보고 있다면 그들만을 보는 것이 아니라 자신이 커플을 보고 있음을, 그들을 보면서 어떤 욕구나 생각이나 느낌을 일으키고 있음을, 어떤 행동을 하거나 하려고 하고 있음을 보는 것이다. 한마디로, 자신의 몸과 마음이 무엇을 하고 있는지를 객관적으로 보는 것이다.

대형마트의 계산대나 공항의 출입국 심사대에서 차례를 기다릴 때, 왜 줄이 빨리 줄지 않는지 조바심이 나거나 옆의 줄이 더 빨리 줄어드는 것 같이 느껴지곤 한다. 그럴 때 자신의 줄이나 옆줄만 보는 게 아니라 자신의 마음을 보는 게 바로 마음챙김이다. 자신의 마음에서 어떤 욕구나 생각이 오고 가는지 보고, 몸에서 어떤 감각이 느껴지는지 본다. 자신의 차례가 빨리 오기를 바라고 있음을, 속으로 계산하는 사람이나 심사하는 사람에게 이런저런 비난을 하고 있음을, 자신의 줄과 옆줄을 계속 비교하고 있음을, 옆줄로 옮길까 생각하고 있음을 마치 제삼자가 보듯이 바라보는 것이다.

운전 중에 옆 차가 깜빡이도 켜지 않고 끼어드는 것을 보고 화가 나서 비난을 한다면, 그 차와 운전자에게만 주의를 주고 비난할 것이 아니라 그러한 주의를 주고 비난하는 자신을 본다. 끼어든 차의 운전자를 비난하고 있음을, 화가 났음을, 다시 추월해서 응징하려 하고 있음을 객관적으로 응시한다. 또한 머리로 열이 뻗치는 느낌이나 뻣뻣하게 힘이 들어간 어깨의 상태를 자각한다.

일요일에 아이와 놀아 주지 않고 텔레비전 리모

컨만 돌리고 있는 배우자에게 화가 나서 텔레비전 좀 그만 보고 아이와 놀아 주라고 소리친다면, 배우자에게 화를 내고 소리치는 자신을 본다. 배우자에게 화가 났음을, 그를 비난하고 있음을, 적어도 일요일에는 아이와 놀아 줘야 한다고 생각하고 있음을, 내가 저런 사람을 왜 좋아했을까 자책하고 있음을 마치 다른 사람을 보듯이 바라본다. 또한 심장이 심하게 빨리 뛰고 얼굴이 경직되었다는 것을 자각해 본다.

불행은 언제나 안에서 온다

마음챙김은 독특한 시선이다. 일반적으로 우리는 바깥을 바라보지만, 마음챙김은 바깥을 바라보는 우리 자신을 바라본다. 마치 드론을 띄우고 바라보듯 우리 자신을 객관적으로, 있는 그대로 바라보는 것이다. 이렇게 시점을 뒤바꿔 보는 것은 평소에 거의 사용하는 일이 없어서 일반인에게 익숙하지 않다. 그래서 실천이 쉽지 않고, 번거롭게 느껴지기도 한다. 그런데 왜 마음챙김을 연습해야 하느냐고? 답은 간단하다. 우리가 행복을 추구하는 존재이기 때문이다.

우리는 모두 불행 대신 행복을 원하는데 왜 마음대로 되지 않을까? 적어도 한 가지 이유는 분명하다. 우리 스스로 행복의 길로 가는 마음가짐이나 행동을 실천하지 못하고, 불행의 길로 가는 마음가짐이나 행동을 고집하기 때문이다. 우리의 사고방식이나 행동은 대부분 반복적이다. 그 반복 행동이 행복이 아니라 불행을 가져옴에도 불구하고 쉽게 고쳐지지 않는다.

계산대나 출입국 심사대에서 자신의 줄과 다른 줄을 비교하고 안달하며, 일하는 사람들을 비난하는 행동이 자신을 행복하게 하는가? 아니면 줄이 더 빠르게 줄게 하는가? 운전 중에 끼어드는 차를 비난하고 응징하려는 행동이 자신을 행복하게 하는가? 아니면 끼어드는 차를 다소곳이 반성하게 만들거나 다음부터는 끼어드는 차를 덜 만나게 하는가? 텔레비전 리모컨만 붙잡고 있는 배우자를 비난하는 것이 자신을 행복하게 만들어 주는가? 아니면 배우자가 사과하고 원하는 행동을 하게 하는가? 쓰면 쓸수록 더 짜증 나고 더 화나고 갈등과 다툼을 더 많이 만들어 내는 사고방식과 행동방식을 왜 그만두지 않을까? 왜 행복이 아니고 불행을 지속하는 마음가짐과 행동을 반복할까?

자신을 객관적으로 바라보지 못하기 때문이다. 자신을 제대로 바라보지 못해서 기존의 마음가짐과 행동을 반복한다. 만약에 위의 마음가짐과 행동을 당신이 제삼자가 되어서 바라본다면 어떻게 보일까? 결코 현명해 보이지는 않을 것이다.

나는 나를 모른다

텔레비전 프로그램 중에 <금쪽같은 내 새끼>가 있다. 부모가 아이의 문제 행동으로 고통스러워하다가 도저히 혼자 힘으로 해결할 수가 없어서 프로그램에 제보한다. 그러면 전문가가 가족의 문제를 진단하고, 부모에게 조언해 준다. 출연한 부모는 대개 아이의 행동을 이해하지 못하는 건 물론이고 심지어 너무 고통스러워서 자신에게 고통을 주는 아이를 미워하기까지 한다.

하지만 대부분, 문제 해결을 도와주는 전문가는 아이가 아니라 부모가 문제라고 진단한다. 그러면서 아이와 부모의 상호작용 모습을 촬영한 비디오를 보여 준다. 그 대목에서 자신의 모습을 제삼자의 입장에서 객관적으로 바라본 부모는 대부분 충격을 받는다. 욕을 하고 다른 아이를 때리는 등 공격적 행동을 하던 아이는 사실은 부모에게 맞고 있었다. 부모는 교육하느라고 그랬다고 했지만, 비디오로 촬영한 모습을 보고는 스스로 놀란다. 자신이 그렇게 행동하는지 몰랐다는 것이다. 아이가 문제인 줄만 알았던 부모는 이쯤에서 아이가 불쌍하다며 눈물을 흘린다.

어디 이 부모들만이겠는가? 우리 모두 예외가 아닐 것이다. 만약 우리의 일거수일투족을 모두 비디오로 담아 본다면 어떨까? 혼자서 하는 행동, 배우자나 자식에게 하는 행동, 직장 동료와의 상호작용 등을 동영상으로 찍어 본다면? 아마 그 상황에 빠져 있을 때는 몰랐던 자신의 모습들을 깨닫게 될 것이다. 스스로 부끄럽거나 한심해 보이거나 안타까워 보이는 경우도 많을 것이다.

마음챙김은 바로 그런 자신을 객관적으로 바라보는 것이다. 그것도 행동만이 아니라 마음속을 제삼자의 눈으로 바라보는 것이다. 과거의 영상을 재생해서 돌려보는 데 그치지 않고, 실시간으로 지금 이 순간 진행되는 자신의 생각과 행동을 한 걸음 떨어져서 바라보는 것이다. 한 걸음 떨어져서 바라보면 자신에 대한 이해가 새로워질 뿐만 아니라, 자연스레 생각과 행동도 달리 하게 된다.

우리는 때때로 자신의 사고방식이나 행동방식이 부적절하다는 것을 알면서도 반복한다. 특히 기존의 사고방식과 행동방식이 오래되고 강력할수록 더 그렇다. 그것이 우리를 끌어당기는 힘이 강해서, 멀리 떨어져서 바라보기 어렵다. 자신을 제삼자의 눈으로 바라보는 마음챙김은 일종의 기술이고 힘이다. 이러한 기술과 힘이 충분하지 않으면 자신을 객관적으로 볼 수 없다. 생활 속에서 꾸준히 마음챙김을 적용하는 연습을 통해 그 기술과 힘을 늘리는 것이 필요한 이유다.

사람은 한 단어로
정의할 수 없다

우리는 양극단에 쏠리는 경향이 있다. 전체를 보지 못하고 한 측면만을 보고서는 자신이 본 모습만이 옳다고 집착한다. 나는 종종 북한산을 예로 들어 이를 설명한다. 북한산을 우이동에서 바라본 모습과 구파발에서 바라본 모습은 사뭇 다르다. 우이동에서는 인수봉이 뚜렷이 보이지만, 구파발에서는 인수봉이 잘 구분되지 않는다. 오히려 백운대가 훨씬 크게 보이고, 우이동에서는 보이지 않던 노적봉도 나타난다. 우이동에서 찍은 북한산 사진과 구파발에서 찍은 북한산 사진을 놓고 보면 결코 같은 산으로 보이지 않는다.

어느 한 지역에서만 살던 두 사람이 만나서 두 사진을 놓고 본다면, 서로 자신이 보던 북한산의 모습만이 옳다고 하고 다른 모습은 거짓이라고 주장할 것이다. 두 사람에게 비행기에서 내려다보고 찍은 북한산 사진을 보여 주면 모두 북한산이 아니라고 할 것이다. 그러나 각각의 사진은 모두 3차원의 북한산을 2차원으로 나타내 주는 '모습'이다. 여기서 북한산을 잘 아는 사람이 앞의 두 사람에게 "각 사진이 2차원적으로는 서로 모습이 다르므로 같지 않지만, 동시에 동일한 북한산을 나타내므로 같다"라고 말한다면 두 사람은 터무니없는 말장난을 그만두라고 할 것이다.

세상에 정답은 없다

세상은 다양한 모습을 지니고 있고, 우리네 인생역시 단순하지 않다. 한 사람은 북한산보다 더 다양하면 다양했지 결코 덜 다양하지 않다. 그러나 우리는 이런저런 잣대로 한 사람을 규정짓는다. 종교를 믿는지 안 믿는지, 피부색이 밝은지 어두운지, 채식을 하는지 육식을 하는지, 거짓말을 하는지 안 하는지, 진보인지 보수인지, 군대를 다녀왔는지 안 다녀왔는지, 동성애자인지 아닌지, 이혼 경력이 있는지 없는지 등 사람들이 사용하는 잣대는 여러 가지다. 이러한 잣대로 사람들을 규정하고 단죄하기 때문에 사람들 간에 분열과 갈등과 증오가 끊임없이 만들어지고 있다. 심지어 자신의 생각이 도덕적으로 옳다고 확신하는 경우, 자신과 생각이 다른 사람들에게 무자비한 폭력을 가하고도 스스로 정당화한다. 역사를 보면 이데올로기나 종교가 다르다는 이유로 인류가 자행한 만행이 빼곡히 기록되어 있고, 이는 현재에도 여전히 진행 중이다.

일상생활에서 발생하는 크고 작은 반목과 미움도 모두 자신이 믿는 것만이 옳다는 생각에서 온다. 각자에게 자신의 기준은 절대적일 수 있다. 그러나 그것이 모두에게 보편적으로 그러리라는 보장은 없다. 각각이 다 옳을 수 있다. 그러나 자신만이 옳다고 주장할 때는 모두 틀릴 수 있다. 우이동에서 찍은 북한산과 구파발에서 찍은 북한산은 각각 다 옳은 북한산의 모습이다. 어느 하나만 북한산이고 다른 하나는 북한산이 아닌 게 아니다. 그러나 각각의 모습'만' 옳다고 한다면, 이는 북한산의 다양한 모습을 부정하는 것이므로 그르다. 북한산은 바라보는 사람의 위치에 따라 수없이 많은 모습을 하고 있다. 그 모든 모습이 북한산이다.

사람도 마찬가지다. 세상에는 착한 사마리아인들이 많다. 종교를 믿지 않지만 영성이 충만한 사람도 있다. 연인 관계가 복잡하지만 애국하는 사람도 있다. 예의는 경시하지만 법 없이 살 사람도 있다. 반면에 종교를 가지고 있지만 탐욕이 넘치는 사람도 있다. 연인 관계는 깨끗하지만 이기적인 사람도 있다. 동물에겐 다정하지만 사람을 때리는 사람도 있다. 사람은 한두 개의 잣대로 규정하기에는 너무도 복잡한 존재다. 보는 각도에 따라 무수히 많은 모습의 북한산이 있듯이 한 사람 안에도 수많은 모습이 들어 있다. 그

많은 모습이 모두 그 사람이다.

우리가 들이대는 모든 잣대는 하나의 평면적인 개념이다. 따라서 2차원의 한계를 가질 수밖에 없다. 2차원의 집착에서 벗어나 북한산을 3차원으로 볼 수 있을 때 다양한 북한산의 모습이 모두 하나의 북한산 임을 알게 되듯, 개념이라는 2차원에서 벗어날 때 서로 모순된 다양한 모습을 한 사람으로 볼 수 있을 것이다. 어쩌면 다양한 모습의 사람들이 모두 하나의 '나'라는 것까지도 깨닫게 될지 모른다.

중간이 아니라 중도가 필요하다

하나의 잣대에 순수하게 충실하면 양극단의 한쪽에 떨어지게 된다. 극단적인 생각에 치우치지 않기 위해서는 '중도'의 지혜가 필요하다. 그런데 간혹 중도를 '중간'의 개념으로 오해하는 사람이 있다. 중도를 실천한다는 것은 양극단의 정확한 중간 지점에 서야 한다는 의미가 아니다. 중도를 중간으로 안다면 육식과 관련해서는 육식을 50퍼센트 하고 채식을 50퍼센트

하는 것이 중도라고 생각할 것이다. 또한 기독교와 불교를 50퍼센트씩 믿는 것이 중도라고 생각하는 어처구니없는 상황이 벌어진다. 중도는 이것과 저것의 중간이 아니라, 양극을 갖는 차원을 넘어서는 것이다. 하나의 잣대로만 사람을 보지 않고 서로 모순적인 전체 모습을 있는 그대로 봄으로써 양극단에 치우치지 않는 것이다. 따라서 중도의 실천이 '이런 것'이라고 정해져 있지는 않다. 그러나 모순적 현상을 받아들이고 중도를 실천하는 사람에게는 대체로 유머와 사랑, 자비가 함께한다. 이러한 특성은 선과 악, 사랑과 미움이 공존하는 모순적 현실을 받아들일 때 가능해진다.

끝으로 초등학교 2학년 학생이 쓴 편지를 한 장 소개한다. 이 편지에는 아빠의 금연을 바라는 아이의 절절한 마음이 담겨 있지만 아빠의 담배 피우는 행동을 비난하는 마음은 한 톨도 없다. 오히려 아이는 아빠에게 안 좋은 행동을 바꾸라고 정당한 부탁을 하면서도 미안해하고 있다! 이런 태도가 중도를 진정으로 실천하는 것 아닐까. 이 편지는 매일 술과 담배로 절어 사는 남편을 미워하고 고치려 간섭하던 이 아이 엄마의 코끝을 찡하게 했다.

"아빠, 담배 피우지 마세요. 담배를 피우면 담배 바이러스가 생겨요. 심하면 폐암에 걸릴 수도 있어요. 저는 아빠가 기침을 심하게 하는 게 담배 때문인 것 같아요. 담배는 한 번 피우면 멈추기 힘들지만 노력해 보시면 멈출 수도 있어요. 아빠가 좋아하시는 담배를 피우지 못하게 해서 죄송해요."

중심을 잡아야
쓰러지지 않는다

마음은 다양한 구성원, 즉 '나'들로 이루어진 사회다. 내 마음에는 눈앞에 놓인 삼겹살, 햄버거, 양념치킨 등을 먹고 싶은 '나'도 있지만, 날씬한 몸매를 갖고 싶은 '나'도 있다. 빨리 승진하고 싶은 '나'도 있지만, 가족이나 친구와 여유를 즐기고 싶은 '나'도 있다. 돈을 많이 벌고 싶은 '나'도 있지만, 남들에게 존중받고 싶은 '나'도 있다. 아이를 낳아서 잘 키우고 싶은 '나'도 있지만, 직장인으로 당당하게 성공하고 싶은 '나'도 있다.

내 마음이지만 내 마음대로 되지 않는 일도 얼마나 많은가. 담배를 끊고 싶지만 마음대로 끊지 못한다. 건강을 위해 체육관에 가서 운동하겠다고 결심하지만, 작심삼일로 끝난다. 내 마음사회에는 담배를 끊고 싶은 '나'도 있지만 담배를 피우고 싶은 '나'도 있다. 내 마음사회에는 운동하고 싶은 '나'도 있지만 집 안에서 리모컨을 돌리며 빈둥거리고 싶은 '나'도 있다. 하물며 "내 마음 나도 몰라"라고 말하는 경우도 종종 있다. 이처럼 우리 마음에는 다양한 '나'들이 있어서, 서로 협조하기도 하지만 갈등이나 긴장 관계를 형성하기도 한다. 마음에는 하나의 '나'만 살지 않는다. 마음은 여러 '나'들로 이루어진 사회다. '나'를 단수로 보기보다는 여러 '나'들로 이루어진 복수로 보는 것이 더 적절하다.

마음은 변한다

이러한 '나'들은 고정되어 정해져 있지 않다. 한 사회에서도 정권이 바뀌고 문화가 바뀌듯, 마음사회의

'나'들도 시간에 따라 계속 변해서 마음사회를 대표하는 '나'가 달라진다. 어린 시절에 수줍음이 많던 사람이 성인이 되어서는 당당하게 한 집단의 리더 역할을 하기도 한다. 한때 대기업에서 치열하게 경쟁하며 살던 사람이 어느 순간 다 정리하고 귀농하여 느긋하고 여유롭게 살기도 한다. 만약 서로 다른 시기의 동일한 사람이 시공을 넘어서 만난다면 서로가 같은 사람이라는 사실을 인정하지 않을지도 모른다. 개종을 한 사람이라면 아마 서로 싸울지도 모른다.

일상에서 우리는 자신을 복수로 보기보다는 단수로 본다. 또한 평생 같은 정체성identity을 유지한다고 여기는 경향이 있다. 예를 들어 마음의 전반적인 특성을 나타낼 때 '성격'이라는 말을 사용하는데 사람들은 일반적으로 성격이 고정됐다고 본다. A형은 어떻고 B형은 어떻다는 둥 혈액형과 성격의 연관성에 관한 근거 없는 비과학적인 주장뿐만 아니라 MBTI, 에니어그램 등 비교적 이론적 근거가 있는 여러 성격 검사의 설명을 마치 돌에 새긴 것처럼 받아들이기도 한다. 자신이 어떤 혈액형이면, MBTI의 어떤 유형이면, 에니어그램의 어떤 유형이면 태어나서 죽을 때까지 그 성격 그대로 간다고 믿는다. 잘못된 생각이다.

사람의 특성을 설명할 때 성격이라는 개념을 사용하기보다는 다양한 동기(욕구), 인지(사고방식), 행동(행동 방식) 등의 특정한 조합으로 설명하는 것이 더 적절하다. 사람들은 가지고 있는 동기, 인지, 행동의 조합이 다르기에 서로 다른 특성을 보인다. 그리고 이 세 가지 요소는 살면서 계속 변한다. 우리는 평생 같은 이름을 가지고 사회적 행위의 주체로 살다가 죽지만, 결코 동일한 정체성을 유지한다고 할 수 없다. '모든 것은 변한다'는 말은 바로 이런 특성을 잘 나타낸다.

건강한 마음은 조화에서 온다

사회가 건강하게 발전하고 사회 구성원이 행복하기 위해서는 정치를 잘해야 한다. 정치를 잘하기 위해서는, 사회가 다양한 욕구와 입장을 갖는 구성원들로 이루어진다는 점을 인정하고, 힘을 가진 어느 한쪽이 다른 한쪽을 일방적으로 밀어붙이거나 독재하지 말아야 한다. 서로 대화하고 타협하며 조화를 이뤄나가야 한다.

금연, 다이어트, 운동, 자격증 따기, 공부, 좀 더 너그러워지기, 가족과 보내는 시간 늘리기 등 연초에 세운 계획은 어떻게 진행되고 있는가? 혹시 중간에 포기했거나 잊어버렸다면 다시 한번 긍정적으로 생각해 보자. 어떤 방향이든 스스로 긍정적으로 변화하고자 하는 욕구가 강해질 때 그런 욕구의 '나'가 마음사회에서 주도권을 잡고, 힘을 발휘할 수 있기 때문이다. 단, 사회에서 집권 여당이 일을 잘하려면 혼자만의 힘으로 밀어붙이기보다는 국민과 잘 소통하여 뜻을 모으고 야당의 협조를 잘 얻어내야 하듯, 한 개인이 계획을 세우고 실천하고자 할 때는 마음 안의 여러 '나'들과 잘 소통하고 그들의 협조를 얻는 것이 중요하다.

사법시험에 합격하고자 하는 '나'가 좋아하는 사

람 앞에 당당한 모습으로 서고 싶다는 '나'와 연합전선을 형성하면 공부하는 행동의 힘이 더 강해질 수 있다. 날씬한 몸매를 만들고자 하는 '나'가 예쁜 옷을 입고 싶은 '나'와 연합전선을 이루면 다이어트의 의지는 더욱 힘을 얻는다. 마음사회의 '나'들이 연합전선을 형성하면, 일이 힘들 때, 특히 마음사회 안에서 충돌하는 다른 '나'들의 저항이 강할 때 그 도전을 이겨내게 해 준다.

이처럼 긍정적인 '나'들 간의 연합전선을 형성하는 것도 좋지만, 더 중요한 것은 그 방향과 상치되는 '나'들과도 대화하여 뜻을 모으는 것이다. 내가 옳고 너는 틀렸으니 무조건 따르라고 하면, 긍정적 변화에 대척하는 '나'들의 강한 저항과 반발을 받게 되어 일이 제대로 돌아가지 않을 것이다.

공부를 열심히 하고자 하는 '나'도 좋으나 놀고 싶은 '나'도 나쁜 것은 아니다. 날씬하고 건강한 몸매를 갖고자 하는 '나'도 좋으나 맛있는 음식을 먹고 싶은 '나'도 나쁜 것은 아니다. 놀고 싶은 '나', 맛있는 음식을 먹고 싶은 '나'도 적절하게 달래며 함께 가야 한다. 아무리 중요한 시험공부를 한다고 해도 일주일에 한 번 혹은 한 달에 한 번 정도는 충분히 놀아야 공부 효율을 더 높일 수 있다. 계획대로 다이어트를 잘했으면 하루 정도는 먹고 싶은 음식을 충분히 먹는 것도 다이어트를 끝까지 잘 진행하는 데 도움이 된다. 반대편 '나'들을 잘 달래지 않으면 이들은 기회 날 때마다 잘 나가려는 '나'의 발목을 잡아, 결국 공부도 하기 싫게 하고 다이어트도 잘 안 되게 할 수 있다.

우리의 마음은 사회다

원하는 방향으로 일을 진행하다 뜻대로 되지 않으면 우리는 자신 전체를 비난하기도 한다. 죄책감이 느껴지고 우울해지며 자존감이 낮아진다. 그럴 땐 자기 자신을 싸잡아서 비난하지 말고, '나'들 간의 화해를 위해 노력하자. 사람들이 너그럽고 친절한 사람을 좋아하고 그의 의견을 듣고 싶어 하듯, 마음사회에서도 너그럽고 친절한 '나'가 환영받는다.

다이어트를 하려는 '나'는 다이어트를 하다 한 번 규칙을 어기고 많이 먹게 만든 '나'를 매정하게 비난하지 않는 것이 좋다. 비난을 퍼부으면 자칫 자포자기하게 되어 다이어트가 폭식으로 끝날 수 있다. 비난하기보다 오히려 따뜻하게 위로하고, 인내심을 가지고 목표를 향해 반대편 '나'와 함께 가라. 그러면 반대편 '나'의 저항이 줄어들고, 도리어 목표지점까지 도달하는 데 도움을 주어 원하는 바를 성취할 수 있게 된다. 마음을 잘 다스려야 행복해진다. 마음을 잘 다스리는 것은 마음이라는 사회의 정치를 잘하는 것이다.

당신이 선택한
오늘을 사랑하라

최근 드라마나 영화에 눈에 띄게 자주 등장하는 소재가 있다. 바로 '평행우주'다. 다중우주나 다차원우주 등으로도 불리는 평행우주는 현재의 우주 외에 다른 우주가 존재할 수도 있다는 이론 혹은 상상력에서 나온 개념이다. 이 소재는 주로 주인공이 하나의 선택 앞에서 '그 선택을 하는 경우'와 '그 선택을 하지 않은 경우'로 나누어서 그에 따라 서로 다르게 펼쳐지는 주인공의 인생(우주)을 보여 주는 식으로 쓰인다.

이처럼 우리 인생은 순간의 선택으로 방향이 달라지기도 하는데, 그 선택이 크든 작든 나쁜 결과를 가져왔을 때 우리는 '그때 ○○○을 했더라면' 하고 후회를 한다. 또는 부정적 결과가 자신이 아닌 다른 사람의 행위(혹은 선택) 때문이라고 생각하는 경우에는 '그 사람이 ○○○을 했더라면' 하고 원망한다. 특히 선택의 결과가 큰 영향력을 갖는 경우에는 후회나 원망이 더 크고 더 오래간다.

선택의 결과보다 태도가 중요하다

유념해야 할 것은 선택에 따른 결과도 중요하지만, 결과에 대한 나의 태도와 그에 따른 행동이 더 중요하다는 사실이다. 결과를 받아들이는 나의 태도와 행동 역시 나의 선택이다. 그 선택은 또 다른 결과를 불러오고, 이러한 선택과 결과의 반복이 우리의 인생을 만들어 간다. 선택의 결과는 끝이 아니라 새로운 선택의 시작이다. 부정적인 결과를 가져온 선택에 후회나 원망을 하는 것도 하나의 선택이며, 이를 교훈으로 삼아 더 나은 결과를 가져오기 위해 노력하는 것도 하나의 선택이다.

수없이 많은 황금잎이 떠내려오는 냇가에서 제한된 시간 동안만 황금잎을 건져갈 수 있다고 하자. 이 상황에서 자신의 부주의나 옆 사람의 방해로 자기 앞으로 오던 황금잎 하나를 놓쳤을 때, 이미 흘러간 황금잎을 돌아보고 안타까워하고 그것을 놓쳐 버린 자신을 자책하거나 옆 사람의 과실을 원망하면, 그 순간에도 계속해서 떠내려오고 있는 많은 황금잎을 그냥 흘려보내게 될 것이다.

그러면 또다시 놓치게 된 다른 황금잎에 대해서까지도 첫 번째 황금잎을 놓친 자신의 부주의나 옆 사람의 과실 때문이라며 자책하고 원망하게 된다. 결국 자책과 원망은 주어진 시간이 끝날 때까지 눈덩이처럼 커질 것이다. 자기 자신 혹은 다른 사람의 선택으로 인한 부정적 결과에 후회 또는 원망이라는 선택을 하는 사람은 이미 놓쳐 버린 황금잎에 집착하는 사람과 같다.

한쪽 문이 닫히면 한쪽 문이 열린다

로또복권 1등에 당첨된 주부가 있었다. 갑자기 부자가 된 그녀는 살던 집을 팔고 크고 좋은 저택으로 이사했다. 그런데 남편이 다니던 직장을 그만두고 새로 사업을 하겠다고 하며 당첨금을 전부 가져가 몽땅 날려 버렸다. 게다가 남편이 바람을 피워서 결국 이혼까지 하게 됐고 그녀는 예전에 살던 동네로 다시 돌아올 수밖에 없었다.

어떤 여성은 샀던 다섯 장의 로또복권 가운데 한 장을 잃어버렸는데 그 복권이 1등에 당첨되었다. 그녀는 거의 한 달 동안 설거지하면서도 울고 걸레질하면서도 눈물을 흘렸다. 그러나 누가 알겠는가. 그 잃어버린 로또복권이 가정이 풍비박산 나고 끝없는 불행의 나락으로 빠지는 것을 막아 주었는지를.

매년 대학 입학시험 결과가 발표되면 만족하는 학생도 있지만 실망하는 학생도 많다. 시험 결과가 좋지 않아 자신이 원하던 대학이나 학과는 아니지만, 그럭저럭 붙은 학교에 곧바로 입학하기로 한 학생도 있을 것이고, 한 해를 더 공부하기로 한 학생도 있을 것이다. 어떤 선택을 해도 좋지만 후회나 자책 또는 원망이라는 선택은 하지 말기 바란다. 우리의 인생은 끊임없는 선택의 연속이다. 하나의 선택이 그 후의 모든 결과를 결정짓지는 않는다. 훗날 뒤돌아보면 자신이 원하지 않던 대학이나 학과에 가거나 재수를 한 것이 더 잘된 일인지도 모른다.

평행우주를 다룬 많은 드라마나 영화를 보면 단 하나의 아주 사소한 결정으로 인생의 행로가 완전히 달라진다. 그러나 우리 앞에는 한 번에 하나가 아니라 여러 문이 놓여 있다. 또한 우리 인생에서 문은 한 번만 열 수 있는 게 아니라 무수히 열 수 있다. 지금 당신은 어떤 문을 선택하고 있는가. 그리고 또 어떤 문들을 열어갈 것인가.

2장

바꿀 수 없는 것을
바꾸려 애쓰지 않는다

나를 아프게 한 건
항상 나였다

외부 강의가 있었던 날, 강의 장소를 찾지 못해 헤맸다. 강의를 의뢰한 분이 알려 준 장소로 갔지만 그곳이 아니었다. 심지어 그분은 미국으로 출장을 간 상태였다. 여기저기 헤매는 사이에 강의를 시작해야할 시간이 지났다. 물어물어 장소를 찾아갔지만, 공사 중이라 입구를 찾기 어려웠다. 엘리베이터 입구를 표시한 종이 안내문은 혼란스러웠다. 간신히 도착했을 때는 약속 시각에서 15분 정도가 지나 있었다. 강의 장소를 찾아 헤매며 마음이 급해졌고, 강의 시간이 지나면서 초조해졌다. 골탕 먹이듯 붙여 놓은 안내 표지를 보면서는 화가 슬그머니 머리를 치켜들었다. 강의 장소를 분명하게 알려 주지 않은 주최 측을 원망하는 마음이 올라왔다. 미리 꼼꼼하게 알아보지 않은 나 자신을 자책하는 마음도 올라왔다.

그러나 원망하고 자책한다고 누구에게 어떤 도움이 되겠는가. 그럴수록 강의할 기분만 망치고 강의도 제대로 풀리지 않아 오히려 청중에게 누만 끼칠 뿐이다. 그렇게 생각하니 다행스럽게도 이 상황을 받아들이고 환영할 수 있었다. 이런 상황이 스트레스 속에서도 평상심을 유지하라는 깨달음을 주는 게 아닐까 하는 생각도 들었다. 덕분에 도리어 웃으며 강의를 시작할 수 있었고, 지각한 일을 정중히 사과한 후 비교적 만족스럽게 강의를 끝마쳤다.

두 번째 화살을 맞지 마라

강의 장소를 찾지 못해 헤맨 것은 '1차 스트레스'다. 그런데 여기서 나아가, 주최 측을 향한 원망과 자책감 때문에 강의를 망친다면 '2차 스트레스'가 온다. 강의를 망치면 원망과 자책감은 더 커질 것이고 다음 일정에서 연쇄적으로 3차, 4차 스트레스를 만들게 될 것이다. 이러한 스트레스는 애꿎은 청중의 기분을 상하게 해서 일파만파 퍼져 나갈 수도 있다.

일상을 돌아보면 1차 스트레스가 2차, 3차 스트레스로 연결되며 확대되고 재생산되는 경우가 상당히 잦다. 예를 들어 보자. 어떤 사람이 애인과 영화를 보려고 약속 시간에 맞춰 나갔다. 그런데 애인이 늦게 오는 바람에 영화표를 날리게 된다면 이것은 1차 스트레스가 생긴 것이다. 애인이 백배사죄하지만 화가 풀리지 않아 싸운다면 2차 스트레스가 따라온다. 기분 나쁜 상태로 집으로 돌아와서 동생에게 화풀이하다가 다투면 3차 스트레스가, 동생과 싸운다고 어머니에게 야단맞으면 4차 스트레스가 발생한다. 마찬가지로, 치매에 걸린 시어머니를 간병하는 일은 1차 스트레스다. 그것 때문에 남편을 원망하고 우울해한다면 그것은 2차 스트레스다. 자신이 희망한 대학에 합격하지 못한 것은 1차 스트레스다. 그렇다고 수업을 자주 빼먹고 술만 먹고 다녀 학사경고까지 받는다면 2차, 3차 스트레스가 따라온다.

1차 스트레스가 반드시 2차, 3차 스트레스로 연결될 필요는 없다. 그래야 할 당위성은 없다. 잡은 연필을 놓으면 땅으로 떨어지듯 반드시 그렇게 되어야 하는 자연법칙이 아니다. 두 번째 화살은 맞지 말자. 살면서 누구도 첫 번째 화살(1차 스트레스)을 피할 수는 없지만, 스스로 만들어 쏘는 두 번째(2차), 세 번째 화살(3차)은 피할 수 있다. 고통은 첫 번째 화살만으로도 충분하다.

질문만 잘해도
문제가 해결된다

한때 《아프니까 청춘이다》라는 책이 수백만 권이나 팔렸다. 어마어마한 베스트셀러가 아닐 수 없다. 한 국의 열악한 독서 시장을 고려할 때 기뻐해야 할 소 식이지만 맘 놓고 그럴 수만은 없는 것이, 이 소식은 삶에서 고통받는 청춘들이 그만큼 많다는 증거이기 때문이다.

이 책은 젊은이들에게 고통을 피해 갈 수 있는 쉬 운 길을 제시하지 않는다. 오히려 고통은 피할 수 없 는 '성장통'이라고 말한다. 아픔을 '훗날의 더 나은 나를 위한 연료'로 사용하라고 이야기한다. 독자는 책을 통해 자신의 고통을 이해받고, 위로받으며 새로운 희망을 발견했으리라.

그런데 생각해 보면 어디 젊은이들만 아프겠는가. 어린아이들도 학원 뺑뺑이를 돌며 스트레스를 받는다. 결혼하고 아이를 낳아 키우기 시작한 부부도 직장 스트레스에 육아 스트레스까지 붙어 엎친 데 덮친 상황이다. 사춘기 아이를 둔 부모는 자식과의 소통에서 어려움을 겪는다. 직장 생활을 하는 이상 업무 스트레스와 인간관계 스트레스는 피할 수 없다. 아이들이 대학에 들어갈 때쯤 되어 직장을 그만두게 되면 은퇴 후 삶을 걱정해야 한다. 노인이 되면 또 어떠한가. 기력이 떨어지고 무료함과 외로움은 뼛속으로 파고든다. 붓다는 인생이 고苦라고 했다. 아프니까 인생인 것이다.

'왜'에는 두 가지가 있다

고통이 엄습할 때 우리는 '왜?'라고 묻는다. 그런

데 이 '왜'에는 두 가지가 있다. 하나는 '저항의 왜'이고 다른 하나는 '수용의 왜'이다.

'저항의 왜'는 자신에게 주어진 상황을 받아들이지 않고 밀어내며 소리칠 때 내뱉는 '왜'이다. '왜 내게 이런 고통이 있는 거야?'라는 질문에 궁금함은 없다. 왜 하필 나에게 고통이 주어졌느냐고 불만을 토로할 뿐이다. 부모가 공부하지 않고 게임만 하는 자식에게 "너는 왜 하라는 공부는 하지 않고 허구한 날 컴퓨터 앞에 앉아 게임만 하고 있냐"고 야단칠 때, 부모는 자식이 왜 공부는 하지 않고 컴퓨터 게임만 하는지 궁금해하지 않는다. 그저 자식이 공부하지 않고 컴퓨터 게임만 하는 상황을 도저히 받아들일 수 없을 뿐이다. 잦은 회식으로 늦은 귀가를 하는 배우자에게 "당신은 왜 날이면 날마다 술이 떡이 돼서 오밤중에 집에 들어오는 거야?"라고 소리칠 때, 그에게는 배우자가 밤늦게 술에 취해 귀가하는 이유를 알고 싶은 마음이 없다. 단지 배우자가 밤늦게 술에 취해 귀가하는 상황을 받아들이고 싶지 않을 뿐이다. 배우자가 그런 그에게 "당신은 왜 만날 잔소리야?"라고 되받아칠 때, 배우자는 그가 왜 잔소리하는지 궁금해하지 않는다. 그가 자신에게 잔소리하는 상황을 받아들이고 싶지 않을 뿐이다.

사실 '왜'란 어떤 현상의 원인이 궁금할 때 사용하는 의문 부사이다. 그 용도 그대로 '왜'를 사용할 때 '수용의 왜'가 된다. 자신에게 고통이 주어졌을 때, 왜 그런 고통이 주어졌는지 진지하게 원인을 숙고할 수 있어야 한다. 아들이 공부하지 않고 컴퓨터 게임만 할 때, 왜 아들이 그런 행동을 하는지 진정으로 궁금해할 수 있어야 한다. 왜 배우자가 날마다 만취해서 밤늦게 귀가하는지, 진심으로 그 원인을 살펴볼 수 있어야 한다. 상대가 늦게 들어온다고 잔소리를 늘어놓을 때, 왜 자신에게 그렇게 하는지 참으로 궁금해할 수 있어야 한다.

엎지른 물은 주워 담을 수 없다

누구인들 자신에게 고통 주는 상황, 싫어하는 상

황을 받아들이고 싶겠는가. 그러나 그것이 이미 주어졌다면 받아들이는 것 외에 다른 방법은 없다. 받아들이지 못하고 저항하면 상황은 더욱 악화될 뿐이다. 물이 담긴 그릇을 깨뜨려 바닥에 물이 흥건하다면, 그 상황을 받아들이고 물을 닦는 것이 현명한 선택이다. 이 상황에서 "왜 그릇을 깼냐?", "왜 그렇게 칠칠찮냐?"라고 '저항의 왜'를 남발한다고 상황이 달라지지는 않는다. 물만 바닥에 더 넓게 번질 뿐이다. 말하는 사람 속은 속대로 더 상할 것이고, 그릇을 깬 사람은 깬 사람대로 민망한 마음이 야속하고 미워하는 마음으로 변할 것이다.

'수용의 왜'는 주어진 고통의 상황을 일단 인정하고 받아들였을 때 가능한 '왜'이다. 받아들인다는 것은 자신의 욕구와 선입관을 내려놓는 것이다. 자기 뜻대로만 상황이 돌아가야 한다는 욕구가 마음을 꽉 채우고 있을 때는 결코 주어진 상황을 객관적으로 보지 못한다. 주어진 상황을 받아들이고 '왜'를 던질 수 있을 때, 주어진 상황이 해결해야 할 문제로 인식되고 진지하게 해답을 찾게 된다.

이와 같이 '수용의 왜'를 질문할 때 자신에게 어떤 문제가 있는지, 주어진 상황이 어떤 특성을 갖는지, 아들이 왜 공부를 싫어하고 컴퓨터 게임에만 빠질 수밖에 없는지, 왜 배우자가 항상 술을 마시고 밤늦게 들어올 수밖에 없는지, 왜 상대는 자신에게 잔소리만 늘어놓는지를 이해할 수 있게 된다. 당장 해답이 나오지 않아도 좋다. 그저 '수용의 왜'를 마음에 품고 일상을 살면 된다. 당장 이해가 되지 않는다고 해도 '저항의 왜'를 내려놓고 '수용의 왜'를 마음에 품을 때 자기 자신의 고통도 줄어들고 상대방과의 갈등과 충돌도 줄어든다. 그리고 마침내 때가 무르익으면 마음속에 품은 '수용의 왜'는 알을 깨고 답을 내놓을 것이다.

고통으로 맺는 진주에 관하여

누구도 인생에서 고통을 피할 수 없다는 사실을 받아들일 때, 우리는 불필요할 뿐만 아니라 오히려 고통을 크게 만드는 저항을 내려놓고 고통을 받아들이게 된다. 그리고 그 고통을 받아들일 때 문제의 실마리가 풀리고, 인간적으로 더욱 성장하게 된다.

진주는 진주조개가 애초부터 품고 있던 것이 아니다. 진주조개가 자신의 체내에 침입한 모래나 작은 돌 같은 이물질로 만들어 낸 것이다. 이물질은 진주조개에게 살이 찢어지는 고통을 준다. 그러나 진주조개가 이물질을 뱉어내지 않고 고통과 함께하면, 5~10년 동안 몸에서 '진주질'이라고 하는 특수한 물질이 계속해서 분비되어 영롱한 진주가 탄생한다. 우리의 삶도 마찬가지다. 주어진 고통 상황을 회피하거나 저항하지 않고 '수용의 왜'를 질문할 수 있을 때, 진정한 문제 해결이 이루어지고, 고통도 비로소 의미를 갖는다.

인생은 고통스럽고 아프다. 고통스럽고 아프니까 인생이다. 그렇지 않다면 인간의 삶이 아니라 천사의 삶이고 신의 삶일지도 모른다. 우리는 현재 인간이고 인간의 삶을 살고 있다. 몸으로든 마음으로든 스스로에게 느끼고 있는 열등한 부분, 스트레스를 주는 주

변 사람들, 힘겨운 상황 등이 왜 주어졌는지 참으로
진지하게 물어보자.

마음에도
알고리즘이 존재한다

"터널은 터널일 뿐, 지하철은 지하철일 뿐."

'공황장애panic disorder'를 겪던 사람이 치료를 통해 공황장애를 극복하고 나서 자신의 심경을 이 한마디로 표현했다.

이 사람은 과거에 지하철을 타거나 터널을 지나갈 때 극심한 공포를 느껴서 지하철을 타지 못했음은 물론, 차를 몰고 가다가 터널이 나오면 아무리 멀어도 돌아서 갔다. 그러던 사람이 치료 후에 '산은 산, 물은 물'을 말하는 도인 수준의 언급을 한 것이다.

산은 산이요 물은 물이다

평소 우리에게 산은 그저 '산'이고, 물은 그저 '물'이다. 그런데 잘 살펴보면, 그건 단지 자신의 시각에 의해 경험된 것이고, 그 시각은 결코 당연한 것이 아님을 알게 된다. 즉, 자신이 보던 산과 물이 산과 물 자체라기보다는 자신의 생각과 욕구가 투사된 '산'과 '물'임을 알게 되는 것이다. '산은 산이 아니고, 물은 물이 아니다'라고도 말할 수 있겠다. 이를 심리학적으로 표현하면 '자기와 세계 전반에 걸쳐 기존에 형성한 연합의 허구성虛構性에 대한 통찰'이라고 할 수 있다. 여기에서 연합이란 '하나의 관념이 다른 관념을 불러일으키는 현상'으로, 예를 들면 '산'을 보고 '맑은 공기'나 '여행'을 떠올리는 것을 말한다. 즉, 우리는 결코 객관적으로 대상을 바라볼 수 없다. 우리가 눈에 담는 모든 것에는 자신만의 주관적인 '해석'이 첨가된다.

터널을 지나가거나 지하철 타는 것을 두려워하는 공황장애 환자는 터널이나 지하철을 보통 사람과는 다르게 본다. 공황장애 환자에게 터널은 단순히 막힌 곳을 뚫어 거리를 더 짧게 만든 길이 아니라 무너지거나 자신을 가둬 버릴 수 있는 대상으로 인식된다. 지하철은 빠르고 정확한 시간에 목적지에 도달하게 해 주는 운송 수단이 아니라 땅속에 자신을 갇히게 할 수 있는 대상으로 인식된다. 즉 공황장애 환자는 보통 사람과는 달리 터널이나 지하철을 패닉panic의 대상으로 본다. 심리학적으로 표현하면 이 공황장애 환자는 터널이나 지하철에 대해 보통 사람과는 다른 연합을 형성하고 있는데, 이 연합이 일상생활에 불편과 고통을 가져오는 병적인 연합인 것이다.

그러므로 터널과 지하철에 대한 공황장애를 치료하는 건 바로 그 연합을 해체, 즉 탈조건화deconditioning하는 것이다. 그 결과, 터널과 지하철을 더 이상 패닉의 대상으로 보지 않고 보통 사람처럼 보게 된다. "터널은 터널일 뿐, 지하철은 지하철일 뿐"이라고 갈파한 사람 또한 마찬가지다. 그를 괴롭혀 온 것은 터널과 지하철 자체의 문제가 아니었다. 자신의 불안정한 내면 상태가 터널과 지하철에 투사되어 병적인 연합을 만들었다는 사실을 통찰한 후, 그는 비로소 고통에서 벗어날 수 있었다.

자극과 반응 사이에 공간이 있다

사람들에게는 다양한 연합이 무수히 존재한다. 연합 때문에 파블로프의 개가 종소리에 침을 흘리듯이, 이런저런 자극에 이렇게 저렇게 반응한다. 그런데 연합 가운데 적지 않은 부분이 질병까지는 아니지만 삶에 고통을 가져온다. 우리를 고통스럽게 하는 인간관계를 생각해 보자. 우리는 부모님을, 배우자를, 자식을 어떻게 보고 있는가? 직장 상사, 동료, 후배를 어떻게 보고 있는가? 거래처 고객이나 손님을 어떻게 보고 있는가? 돈만 벌어 오는 대상, 잔소리만 하는 대상, 집안일만 하는 대상, 공부만 잘해 주기를 바라는 대상, 자신을 핍박하거나 자신과 경쟁하는 대상, 돈벌이 대상으로만 보고 있지는 않은가.

잠시만 나의 욕심을 내려놓고 보라. 한 사람, 한 사

람 모두가 사랑하고 사랑받고 싶고, 존중받고 싶고, 행복하고 싶고, 보람 있게 살고 싶은 각별한 존재이지 않은가. 그러니 평소에 사람들과 어떤 연합을 형성하고 있는지 돌아볼 일이다.

우리에게는 나뭇가지를 치듯이 건강하지 않은 연합은 쳐 내고, 기존의 건강한 연합은 더욱 강화하면서 새로운 건강한 연합을 만들어 나가는 연습이 필요하다. 오늘 마주치는 낙엽 한 장, 비둘기 한 마리, 어깨를 스치며 지나치는 사람들, 나와 함께 일하는 사람들이 내게 좋은 연합(혹은 인연)이 되도록, 또 그들에게 내가 좋은 연합(혹은 인연)이 되도록 마음을 한번 열어 보자.

행복은 스스로
선택하는 것이다

세상에 불행하고 싶은 사람은 없다. 누구나 행복을 원한다. 그런데 과연 행복이란 무엇인가? 서울역 노숙자가 바라는 행복과 대기업 CEO가 바라는 행복이 같을까? 6개월 시한부 삶을 살아가는 환자와 결혼을 앞둔 사람이 같은 행복을 꿈꿀까? 지하철 앞자리에 앉은 저 사람이 생각하는 행복과 내가 생각하는 행복이 같을까? 또, 나는 과연 어린 시절, 청년 시절, 또 지금 중년의 삶에서 동일한 행복을 바라고 있는가?

행복은 주관적이다

학자들이 행복을 과학적으로 다루기 시작한 지는 얼마 되지 않는다. 심리학에서는 1990년대 말에 긍정 심리학이 등장한 이후 행복에 관한 연구가 본격적으로 진행되고 있다. 행복 연구의 대가인 미국 일리노이 대학의 에드 디너 교수는 행복을 '주관적 웰빙subjective well-being'이라는 이름으로 연구해 오고 있는데, 주관적 웰빙은 말 그대로 주관적으로 느끼는 행복으로 자신의 삶 전반에 대한 '인지적 평가'와 '정서적 평가'로 구성된다. 이 두 가지 평가를 통해 우리가 느끼는 행복도를 수치화해 볼 수 있다.

'인지적 평가'는 일반적으로 다음과 같은 다섯 문항으로 이루어진 '삶의 만족' 검사로 측정한다. 각 문항을 '1(매우 반대), 2, 3, 4(중간), 5, 6, 7(매우 찬성)'의 7점 척도로 평가한다. 당신도 한번 해 보기 바란다. 너무 오래 생각하지 않고 솔직하게 답하면 된다.

1. 대체로 나의 삶은 나의 이상에 가깝다. ( )

2. 내 삶의 여건들은 아주 좋다. ( )

3. 나는 내 삶에 만족한다. ( )

4. 지금까지 삶에서 내가 원하는 중요한 것들을
   이루었다. ( )

5. 다시 태어나도 내 삶을 거의 그대로 유지할 것이다. ( )

'삶의 만족' 검사의 점수는 최하 5점부터 최고 35점까지 가능하다. 충분한 자료가 쌓이지는 않았지만, 그동안의 연구에 따르면 대체로 한국인의 '삶의 만족' 검사 평균값은 20~22점대에 분포한다. 이 값은 경제 규모가 비슷한 서구 나라들과 비교할 때 낮은 편이다.

'정서적 평가'는 평소에 경험하는 정서로 측정한다. 일반적으로 지난 한 달 동안 긍정적 정서(친밀감, 기쁨, 만족감, 자부심 등)와 부정적 정서(불안, 화남, 우울, 죄의식 등)를 각각 얼마나 자주 느꼈는지를 '1(거의 없다), 2, 3, 4(중간), 5, 6, 7(항상)'의 7점 척도로 평가한다. 긍정적 정서는 많이 경험하고 부정적 정서는 적게 경험할수록 주관적 웰빙이 높다고 본다.

행복의 내용도 중요하다

주관적 웰빙을 비판하는 목소리도 있다. 주관적 웰빙으로 측정하는 행복은 행복의 '내용'을 고려하지 않기 때문이다. '삶의 만족' 검사는 객관적인 만족의 내용은 고려하지 않고, 주관적으로 자기 삶에 만족하기만 하면 행복하다고 판단한다. 그렇다면 마약을 하거나 범죄를 저지르며 살더라도, 혹은 조현병 상태라도 자기만 만족하면 행복한 삶이라고 해야 할까?

이 관점에서 '심리적 웰빙psychological well-being'의 개념이 고안되었다. 심리적 웰빙에서는 자신의 진정한 잠재력을 실현할 때 행복하다고 본다. 심리적 웰빙은 주관적 웰빙과 다르게 인간의 긍정적인 심리 기능이 충분히 발휘되는 정도를 평가하여 측정된다. 긍정적인 심리 기능이 발휘되지 않으면 행복한 상태로 측정하지 않기에, 행복의 내용도 중요하게 평가할 수 있다. 여기에 영적인 면과 사회적 기능을 측정하기 위해 '영석 웰빙spiritual well-being'과 '사회직 웰빙social well-being'을 추가하기도 한다.

지금 바로 행복해지는 방법

지금까지 살펴본 것처럼 심리학계에서는 행복은 주관적이며, 행복을 위해서는 인간 내면의 잠재력을 실현하는 것이 중요하다고 본다. 즉, 행복은 외부 조건만이 아니라 '내면의 조건'에 의해서도 결정된다는 것이다.

인간 내면의 조건은 동기(욕구), 인지(능력이나 사고방식), 정서 등으로 이루어져 있다. 만약 동기 즉, 욕구가 없다면 욕구 좌절로 인한 스트레스도 없고 욕구 충족으로 인한 행복도 없다. 능력은 욕구를 충족하거나 잠재력을 발휘하게 해 우리를 행복하게 만들거나, 욕구를 좌절시켜 잠재력을 발휘하지 못하게 만들고 불행을 맛보게 한다. 사고방식의 경우, 물을 마실 때 컵에 물이 반이나 있다고 생각하면 컵에 물이 반밖에 없다고 생각할 때보다 행복하다. 슬픔, 분노, 짜증 같은 부정적 정서 상태에 있으면 덩달아 나쁜 기억이 떠오르고 비관적 사고를 하게 되어 스트레스를 받게 된다. 반면 즐거움이나 기쁨, 신남 등 긍정적인 정서 상태에 있으면 연달아 좋은 기억이 떠오르고 낙관적 사고를 하게 되어 행복해진다. 이처럼 인간 내면의 조건들은 서로 밀접한 관계를 맺으며 행복에 결정적 역할을 한다.

한편, 연구에 따르면 물질적 조건(외부 조건)이 행복에 끼치는 영향은 생각보다 크지 않고, 일정한 수준을 넘어서면 행복에 거의 영향을 주지 않는다고 한다. 우리나라만 하더라도 현재 1인당 국민소득은 1970년에 비하면 엄청나게 증가했지만 행복이 그만큼 커졌다고 보기는 어렵지 않은가.

행복해지고자 한다면 외부 조건만을 바꾸려고 애쓰기보다는, 내면의 조건, 즉 '나의 욕구는 무엇인가?', '나의 능력이나 사고방식은 어떠한가?', '나는 지금 어떤 정서를 느끼나?', '나는 습관적으로 어떤 행동을 하고 있는가?' 등을 잘 알고 다루도록 해 보자.
내면의 조건을 소절할 수 있다면 우리는 지금 이 자
리에서 행복해질 수 있다.

내가 행복하면
그만이다

"내가 수능을 치던 해, 언어영역 끝나고 그 학교에서 여학생이 투신자살했다. 그때 나는 그 여학생이 나약하고 비겁하다고, 수능 망치면 인생 쫑나냐고 생각했다. 그런데 오늘의 나는 그 여학생의 입장이 되어 학교 옥상에 서 있었다. (…) 한때 자랑스러운 자식이었고 즐거운 친구였던 날 이렇게 병들게 한 건, 고시라는 위기를 이겨 내지 못하고 꺾여 버린 나 자신이라는 사실이 미치게 한다. (…) 인제 와서 (고시를) 포기하면 지난 내 청춘이 온전히 날아가는 것 같고, 영원히 열등감 쩌는 루저loser로 살아갈 것 같다. 두렵다.”

　뉴스에서 이 글을 봤다. 서울대생들의 온라인 커뮤니티에 고시 준비생으로 보이는 사람이 '유서를 썼다'라는 제목으로 올린 글의 일부라고 한다. 이 글을 올린 사람은 몇 년간의 고시 실패로 세상을 향한 분노와 쓰레기 같은 자신에 대한 혐오만 남았다. 몇 차례 자살을 시도했지만 그나마도 실패로 끝났다고 한다.

　서울대를 졸업한 능력 있는 사람이 삶의 어려움에 봉착하여 자살을 생각하고 있다. 누구라도 자신이 인생에서 모든 것을 걸고 추구하던 일이 계속해서 좌절되면 삶을 포기하고 싶은 생각이 들 것이다. 그것이 고시가 되었든, 입시가 되었든, 가수가 되는 것이든.

모든 꿈이 이루어지지는 않는다

　'꿈은 이루어진다' 혹은 '간절히 원하면 반드시 이

루어진다' 등의 메시지는 늘 사람들의 관심을 끈다. 한때 서점가에서는 이러한 메시지를 전달하는《시크릿》이나《연금술사》같은 책이 수백만 권 팔렸고, 불황이 닥칠 때면 수많은 사람이 다시 이 책들을 찾는다. 이러한 메시지는 사람들에게 열정을 일으키고 삶의 활기를 북돋워 주는 긍정적 기능을 하기도 한다. 하지만 간절히 원하고 열심히 노력하면 꿈이 이루어질 확률이 증가하기는 해도 모든 꿈이 이루어지지는 않는다. 그 꿈이 제로섬zero-sum(한쪽이 득을 보면 반드시 다른 한쪽이 손해를 보는 상태)게임과 관련된 경우에는 특히 더 그러하다.

모든 수험생이 다 같이 열심히 공부한다고 해서 서울대 입학 정원이 늘어나지는 않는다. 모두 의사가 되고 싶고, 변호사가 되고 싶어도, 또 모두 간절히 바라고 최선을 다해도 의사 수와 변호사 수는 제한되어 있다. 아무리 열심히 노력해도 대기업 임원 수는 한정되어 있으며 기업의 CEO는 한 명뿐이다. 가수가 되기 위해 오디션 프로그램에 출연 신청을 하고 피나는 노력을 하는 백만 명 이상의 지원자 가운데서 실제 가수가 되는 사람은 한 손으로 꼽을 정도밖에 안 된다. 하느님이라면 사람들이 일생 선량하게 잘 살아서, 예컨대 100점 만점에 90점만 통과하면 몇 명이 되었든 모두 하늘나라 입장권을 주실지 모르겠다. 그러나 우리가 사는 이 세상에서는 열심히 노력해서 90점을 넘겼다 해서 모두가 원하는 것을 얻는 건 아니다.

우리가 사회적으로 갈망하는 꿈은 대부분 제로섬게임의 경쟁 혹은 상대평가의 경쟁 속에 놓여 있다. 파이의 크기는 일정하고, 아무리 파이의 크기를 늘려도 누군가 큰 쪽을 가져가면 누군가는 작은 쪽을 가져갈 수밖에 없다. 누군가 일등을 하면 누군가는 반드시 꼴등을 한다. 제로섬게임이나 상대평가에서는 아무리 간절히 바라고 열심히 노력해도 일등부터 꼴등까지 서열이 생기고, 한정된 사람들만이 성공하고 꿈을 이룬다. 똑같이 피와 살을 깎는 노력을 했는데도, 누군가는 승자보다 단 0.1초 늦었다는 이유로 성공의 결승선 앞에서 좌절해야만 하는 것이다.

누구나 이룰 수 있는 꿈이 있다

모든 꿈이 제로섬게임이나 상대평가의 규칙에 좌우되는 건 아니다. 이루어야 할 목표는 있으나 서로 경쟁할 필요가 없는 게임도 많다. 건강한 사람의 정원이 정해져 있어서 누군가 건강해지면 나머지 사람들은 건강이 나빠져서 암에 걸리고 당뇨나 심장 질환으로 고생해야 하는 건 아니다. 누구나 체육관에서 운동하고, 자전거를 타고, 축구, 테니스, 골프 등을 즐기며 건강해질 수 있다. 마음이 평화로운 사람의 정원이 정해져 있어서 누군가 마음이 평화로우면 나머지 사람들은 마음이 고통스러워야 하는 건 아니다. 누구나 욕심을 줄이고 명상하며 마음의 평화를 누릴 수 있다. 책을 읽으며 재미를 느끼는 사람의 정원이 정해져 있어서 누군가 책을 재미있게 읽으면 나머지 사람들은 책을 지루하게 읽어야 하는 것 역시 아니다. 누구나 자신이 좋아하는 책을 읽으며 재미를 맛볼 수 있다.

심리학에서는 욕구, 즉 동기를 '내재적 동기intrinsic

motivation'와 '외재적 동기extrinsic motivation'로 나눈다. 내재적 동기란 어떤 행위를 할 때 그 자체가 좋아서 하는 동기를 말하고, 외재적 동기란 그 행위 자체보다도 그것의 결과가 좋아서 하는 동기를 말한다. 예를 들어 공부 자체가 재미있어서 한다면 내재적 동기의 충족을 위해서 하는 것이지만, 1등을 하기 위해, 장학금을 받기 위해, 혹은 돈을 벌기 위해 공부를 한다면 외재적 동기의 충족을 위해서 하는 것이다.

대체로 외재적 동기는 제로섬게임의 동기가 많다. 즉, 외재적 동기는 상대평가의 규칙에 영향을 받기 쉽다. 따라서 어떤 일을 할 때 외재적 동기의 충족을 위해서 하면 제로섬게임의 규칙에 따라 서로 간의 경쟁을 피하기 어렵고, 한 사람의 성공은 다른 사람의 실패를 의미한다. 이런 상황에서 '꿈은 이루어진다' 혹은 '간절히 원하면 반드시 이루어진다'와 같은 메시지는 잠시 사람들에게 희망을 주고 열정을 일으킬 수 있으나, 소수를 제외한 많은 사람에게는 결국 더 큰 좌절과 패배감을 안겨 줄 것이다.

공부를 하더라도 공부 자체를 위해서가 아니고 1등을 하고, 서울대에 합격하고, 장학금을 받기 위해서 한다면 사람들 간의 경쟁에 따른 스트레스에 취약해지고, 소수를 제외하고는 좌절의 고통을 맛봐야 한다. 그 결과로 열등감과 패배 의식이 평생 그림자처럼 따라다닐 수도 있다. 일을 하면서도 일 자체를 즐기기보다는 승진하기 위해, 혹은 남보다 돈을 많이 벌기 위해 한다면 늘 쫓기고 허덕이는 상태에서 벗어나기 힘들고, 마음의 평화는 저 멀리 달아날 것이다. 테니스나 골프 등 여가 활동을 할 때도 그 자체를 즐기기보다는 게임의 승패에 초점을 두게 되면, 이길 때는 기쁠지 모르지만 졌을 때는 분노나 상실감을 피하기 어렵다.

다행스럽게도 인간의 행복에는 외재적 동기의 충족보다 내재적 동기의 충족이 더 중요하며, 내재적 동기의 충족은 누구나 열심히 하면 이룰 수 있다. 그야말로 '꿈은 이루어진다'. 공부를 하며 새로운 사실을 배우고, 기존의 앎과 새로운 앎을 비교하고 분석하고

통합하며 새로운 앎을 만들어 가는 과정에서 느끼는 기쁨은, 특별한 장애가 없는 한 누구나 누릴 수 있다. 새로운 기술을 배우는 것도 마찬가지다. 어린이든 노인이든, 지능이나 재능이 뛰어난 사람이든, 그렇지 않은 사람이든 각자 수준에서의 배움은 그 자체로 삶에 기쁨을 준다.

과정이 좋으면 어떤 결과도 좋다

살면서 경쟁을 아예 안 할 수는 없다. 그러나 무언가를 할 때 내재적 동기의 충족에 초점을 두고 외재적 동기의 충족은 행위의 부산물 정도로 여긴다면, 행위를 하는 모든 과정을 즐길 수 있다. 외재적 동기도 충족된다면 보너스를 받은 것이니 기쁘고, 외재적 동기가 좌절되더라도 크게 상심하지는 않을 것이다.

심리학 연구에 따르면 아이가 그림을 그릴 때마다 사탕을 주는 등 외부 보상이 주어지면 아이는 나중에 그림을 자발적으로 그리지 않게 된다. 그림을 그리며 스스로 내재적 동기의 충족에 따른 보상을 받고 있는데 외부에서 물질적으로 보상을 주어 내재적 동기를 위축시켜 버린 것이다.

현대인은 사람들끼리 끊임없이 비교하고 경쟁하도록 조장하는 사회에서 살고 있다. 각자가 깨어 있지 않으면 시류에 휩쓸려 고단한 삶을 살다가 느닷없이 죽음을 맞게 된다. 행복한 삶을 위해서는 어떤 동기를 추구하고 어떤 동기를 내려놓아야 할지 현명하게 판단하고 실천해야 하며, 마음을 잘 이해하고 다스려야 한다. 그럴 때 진정 행복해진다. 남에게 이기기 위해, 1등 하기 위해, 승진하기 위해, 남보다 돈을 많이 벌기 위해서 하기보다는 그 자체가 좋아서 한다면 행복한 삶이라고 해도 좋다.

이 글의 앞에서 인용한 고시생이 생을 저버리지 않았기를, 그리고 더 멋진 새로운 삶을 살아가고 있기를 기원한다.

불운을 행운으로
바꾸는 삶의 태도

10년도 더 지난 지금까지 기억나는 경기가 있다. 2012년 런던 올림픽에서 선수들은 멋진 플레이를 보여 줬다. 그런데 어떤 선수는 노력한 만큼 결과를 거둔 반면, 다른 선수는 안타까운 장면을 연출해서 우리의 가슴을 아프게 했다. 안타까움을 자아낸 장면들 가운데 나는 남현희 선수와 이탈리아 베잘리 선수의 펜싱 여자 플뢰레 3, 4위전 경기가 가장 마음에 남는다. 남현희 선수가 나처럼 체구가 작고 왼손잡이여서 그랬는지도 모르겠다.

펜싱 경기에서는 3개 라운드를 통해 가장 많은 점수를 딴 선수가 승리하는데, 남현희 선수는 2라운드까지 4-6으로 뒤졌지만 3라운드가 시작되면서 연속으로 6포인트를 따냈다. 종료 21초 전에는 12-8로 앞서고 있었는데, 웬일인지 경기 종료 1초를 남기고 12-12 동점이 되었다. 연장전에서는 1점을 먼저 따는 쪽이 승리하는데, 이탈리아의 베잘리 선수가 이기고 말았다. 참 안타까웠다. 보는 나도 이랬는데 남현희 선수의 심정은 오죽했을까.

더 안타까웠던 이유는 이런 역전패가 남현희 선수에게 반복되고 있기 때문이었다. 남현희 선수는 4강전에서 이탈리아의 디 프란치스카 선수에게 패해 결승에 진출하지 못했는데, 이때도 3라운드 종료 46초 전까지 10-7로 앞서다가 연속으로 3점을 잃고 연장전에서 10-11로 졌다. 2008년 베이징 올림픽 결승전에서도 경기 종료 4초를 남기고 베잘리 선수에게 유효타를 허용해 은메달에 머문 적이 있었다.

묶인 사슬을 풀어야 한다

심리학자인 나는 중요한 경기에 임하는 선수들의 심리를 체크하고 그 결과에 맞는 지원을 하는 심리지원이 필요하다는 생각을 종종 한다. 사실 이미 심리학자들은 스포츠 영역에서 중요한 역할을 하고 있다. 유명한 프로 골퍼 타이거 우즈가 오랫동안 심리학자의 도움을 받았다는 사실은 잘 알려져 있다. 또한 스포츠 강국들은 멘탈트레이너mental trainer라는 이름으로 심리학자들을 채용해 선수들의 심리 훈련을 진행하고 있다.

한국에는 멘탈트레이너의 수가 상대적으로 적다. 남현희 선수처럼 우수한 선수가 같은 패턴을 반복하며 패배할 때는 전담 심리학자를 배정해 도움을 주어야 한다. 남현희 선수의 경우, 점수 차를 벌리며 이기고 있으면 자신도 모르게 '이러다가 또 역전패하는 것 아닐까?' 하는 불안감이 들면서 몸이 긴장하고 경기 몰입도가 떨어질 수 있다. 심리학에서는 이렇게 반복된 학습을 통해 특정 자극에 자동으로 반응하는 것을 '조건화'라고 부른다. 특정 상황에 부정적으로 조건화된 몸과 마음에는 심리학자의 심리상담이나 명상이 별 도움이 안 된다. 그보다는 재학습을 통해 조건화에서 벗어나야(탈조건화) 한다.

몸과 마음에는 일정한 패턴이 있다

구체적 내용은 사람마다 다르지만, 우리의 몸과 마음은 특정 상황에 자동으로 반응한다. 사실 이러한 패턴은 대개 우리의 일상을 편하게 해 준다. 자동으로 반응하게 함으로써 생각의 피로도를 줄이기 때문이다. 상황이 벌어질 때마다 일일이 판단하고 반응해야 한다면 삶이 너무 피곤해지지 않겠는가. 다만 문제는 몸과 마음이 부정적 패턴을 그릴 때 발생한다.

면접에서 몇 차례 실패한 경우, 유사한 상황에 부닥치면 몸과 마음이 과거 경험에 묶여 부정적 반응을 보이면서 다시 실패를 반복하기 쉽다. 이것이 반복되면 면접만이 아니라 크든 작든 누군가의 평가를 받는 상황에서 부정적 생각이 들고 불안해지고 의기소침해질 수 있다. 심해지면 열등감이나 패배주의에 깊게 빠지거나 우울증이 올 수도 있다.

우울증에 빠지는 등의 심각한 경우에는 심리 전문가의 도움이 필요하다. 하지만 그 정도는 아니고 불안과 의기소침으로 고민하는 정도라면 무엇을 하든 결과보다 과정을 즐기는 연습을 하는 것이 좋다. 공부든 일이든 과정을 즐기고 결과는 보너스라고 생각해 보자.

앞서 말했듯이, 심리학에서는 공부, 일, 운동과 같은 행위 자체가 좋아서 하는 것을 내재적 동기의 작용이라 하고, 행위 자체보다도 학점, 승진, 금메달과 같은 행위 결과를 위해 공부하고 일하고 운동하는 것을 외재적 동기의 작용이라고 한다. 요즘처럼 경쟁적 사회구조에서는 외재적 동기를 지나치게 부추기기 때문에 그보다 중요한 내재적 동기가 무시되는 경우가 많다.

그러나 내면의 즐거움은 말할 것도 없고 생산성도

내재적 동기가 존중될 때 더 좋은 결과를 얻는다. 남현희 선수가 그러했듯, 인생에서 거듭된 역전패를 당하더라도 과정 자체를 즐긴다면 부정의 사슬로부터 자유로울 수 있을 것이다.

하는 일이 괴롭다면
의미를 떠올려라

텔레비전에서 감자 깎는 칼을 파는 노인의 얘기를 본 적이 있다. 여든 정도의 조 아데스라는 노인은 뉴욕의 길모퉁이에 앉아 5달러짜리 감자 깎는 칼을 판다. 하지만 우리의 통념과 다르게 입고 있는 양복은 1,000달러가 넘는다. 그뿐만 아니라 감자 깎는 칼로 돈을 많이 벌어 맨해튼의 훌륭한 저택에서 부인과 함께 산다. 저녁에는 고급 식당에서 부인과 값비싼 음식을 먹으며 손녀에게는 학비를 지원하고 있었다. 진행자가 노인에게 질문했다.

"할아버지. 매일 감자 깎는 칼을 파는 것이 지겹지 않으세요? 좀 더 자신이 좋아하는 일을 하고 싶지 않으세요?"

그러자 노인은 대답했다.

"자신이 하는 일을 좋아하면 돼요."

뉴욕의 그 노인은 종일 단지 감자 깎는 칼을 팔면서도 지겨워하기는커녕 그 일을 좋아하는 모양이다. 어떻게 하면 자신이 하는 일을 좋아할 수 있을까?

자신의 일을 좋아하는 방법

한국 사람은 자신의 일을 얼마나 좋아할까?

2019년, 취업 포털 잡코리아에서 직장인 685명을 대상으로 직장 만족도를 조사했다. 그 결과, 무려 직장인 3명 중 1명이 현재 다니는 직장에 '불만족'한 것으로 나타났다. 불만족으로 응답한 사람들에게 이유를 묻자, '연봉 수준(27.1%)' 때문이라는 답변이 가장 많았고, 그다음으로 '일하고 있는 상사나 동료에 대한 불만(21.4%)', '회사 조직문화나 복지 제도에 대한 불만

(14.4%)'이라는 대답이 뒤따랐다.

설문 조사 결과를 보면 직장 만족도는 연봉이나 주변 사람 등 직장 자체의 특성에 영향을 받는다고 볼 수 있다. 그러나 같은 직장을 다니더라도 직장 만족도는 사람마다 다르다. 즉, 직장 만족도는 직장이라는 외부 변인뿐만 아니라 직장인 개인 특성에 따라서도 달라진다는 뜻이다. 그러면 개인의 어떤 특성이 동일한 직장에 다니면서도 만족감을 높이거나 낮추는 것일까?

직업을 보는 관점은 크게 '생업', '경력', '소명'으로 나눌 수 있다. 직업을 '생업'으로 생각하는 사람은 직업에서 물질적 이득에만 관심이 있지 다른 종류의 보상은 얻으려고 하지 않는다. 그에게 직업은 단지 생계를 위한 수단일 뿐이다. 이와 달리 직업을 '경력'을 쌓는 관점에서 보는 사람은 일을 통해 더 높은 사회 지위, 권력, 자존심이라는 보상을 얻으려고 한다. 끝으로 직업을 소명으로 보는 사람은 일을 자기 삶과 분리해서 보지 않는다. 그는 일을 즐기며, 자신이 하는 일이 보람 있고 사회적으로 가치 있다고 생각한다. 심리학 연구에 따르면, 직업을 소명으로 여기는 사람은 직업을 생업이나 경력 수단으로 생각하는 사람보다 직업 만족도가 더 높았을 뿐만 아니라 삶 전반의 만족도 역시 더 높았으며, 결근율은 더 낮았다.

　이런 연구 결과에 이의를 제기하며 소명으로 받아들이기가 더 쉬운 직업이 따로 있다고 주장하는 사람도 있다. 예술가, 교사, 의사, 과학자, 변호사는 다른 직업에 종사하는 사람보다 직업을 소명으로 여기기가 더 쉽다는 식으로 말이다. 그러나 조사에 따르면, 동일한 직종 내에서도 사람마다 자기 직업을 생업, 경력 수단, 소명 등으로 다르게 보는데, 바로 이러한 차이가 같은 일을 하면서도 사람마다 다른 직업 만족도를 보이는 원인이라고 밝혀졌다.

　한 연구에서는 동일한 병원에서 일하는 청소부 28명을 인터뷰했는데, 직업에 만족하는 사람들과 그렇지 않은 사람들은 일에 서로 다른 의미를 부여했다. 일에 만족하지 못하는 사람들은 자신의 직무를

별로 중요하다고 여기지 않았고 최소한의 일만 하려 했으며, 보다 적은 사람들과 상호작용했다. 반면 일에 만족하는 사람들은 자신의 일이 환자의 쾌유에 중요하다고 보았다. 그들은 청소뿐만 아니라 환자나 방문자를 도우며, 간호사들과도 상호작용을 더 많이 해서 전체 업무가 부드럽게 흘러가도록 했다. 그들은 자신의 일을 단지 바닥을 닦고 쓰레기통을 비우는 개별적인 일이 아니라 병원 전체의 시각에서 통합적으로 보았다. 이처럼 직업 종류가 아닌 직업을 대하는 개인의 태도가 직업 만족도를 결정짓는다.

무엇을 위해 일할 것인가

안타깝게도 한국에서는 직업을 생업으로만 보는 관점이 가장 지배적이다. 직업 선택 요인에 대한 2021년 통계청 자료에 따르면, 직업 선택 요인의 1위는 '수입'으로 전체의 38.7%를 차지했다. 반면, '보람이나 자아실현'을 직업 선택의 이유로 응답한 비율은 3.9%에 그쳤다. 직업을 소명으로 보는 사람보다 돈을 버는 수단으로 보는 사람들이 무려 9배 이상 많았다.

참 아이러니하다. 우리는 누구나 행복해지고 싶어 한다. 돈을 많이 벌려는 것도 좀 더 행복해지기 위해서 아닌가. 그런데 그것이 오히려 삶의 행복도를 낮춘다니. 심리학 연구에 따르면, 물질적 욕구가 지나치면 오히려 행복에 방해가 되는 것 같다. 한 연구에서 대학교 신입생 1,200명의 삶의 태도를 측정했다. 그리고 20년이 흐른 뒤 이들을 대상으로 다시 삶의 만족 수준을 측정했는데, 대학 신입생 때 돈 많이 버는 것을 인생의 중요한 목표로 삼았던 사람들이 그렇지 않은 사람들보다 삶의 만족 수준이 더 낮게 나타났다.

일이 아니라 의미를 바꾸면 된다

긍정 심리학의 대가인 셀리그만은 행복의 세 가지 요소로 즐거운 삶, 몰입하는 삶, 의미 있는 삶을 들고 있다. 여기서 의미 있는 삶이란, 자신보다 더 큰 것을 위한 행동을 하며 행복을 느끼는 삶을 말한다. 자기 자신만을 위해 일을 하는 것이 아니라 다른 사람, 혹은 사회 전체를 위한 일을 할 때 행복해진다는 것이다.

사회 전체를 위한 일이 따로 있는 건 아니다. 우리 각자는 자기 위치에서 사회를 위해 일하고 있다. 음식점에서 음식을 만드는 사람이 없다면? 버스나 전철을 만드는 사람, 운전하는 사람이 없다면? 스마트폰이나 노트북을 개발하고 만들고 파는 사람이 없다면? 옷이나 신발을 만들고 파는 사람이 없다면? 엘리베이터나 에스컬레이터를 만들고 수리하는 사람이 없다면? 거리를 청소하는 사람이 없다면? 영화를 만들고 상영하는 사람이 없다면? 종이를 만들고 책을 만드는 사람이 없다면? 상상만 해도 알 수 있다. 우리는 이미 자신뿐 아니라 모두를 위해 일하고 있으며, 직업 하나만 없어도 삶이 얼마나 팍팍해지는지를.

우리 모두는 직업을 통해 누군가의 편의를 위해 일하고 돈을 번다. 그런데 우리는 직업 활동으로 돈을 번다는 생각만 하고 있지는 않은가? 누군가에게 편의와 행복을 제공하고 있다는 생각은 못 하고 있지 않은가? 생색을 내라는 뜻은 아니다. 같은 일을 해도 그 일에 어떤 의미를 부여하느냐에 따라 일의 만족도가 달라지며 일의 내용도 변한다는 걸 기억하라는 권유이다.

지금 하는 일이 자기만이 아니라 다른 사람에게도 편의와 행복을 제공한다고 생각하는 사람은 자기 일을 소중하게 생각하고, 일과 관련된 사람을 배려하는 마음으로 일할 것이다. '오늘 하루 몇 그릇을 팔았으니 얼마를 벌었나?'가 아니라 '오늘 몇 명에게 건강과 행복을 주었나?'를 생각하며 뿌듯해할 것이다. 고객을 돈벌이 대상으로 보지 않고 살아 있는 '한 사람'으로 볼 것이다. 당연히 서로 인간적 교감을 나누게 되니 일 자체가 더 행복해질 것이다. 또한 자기 일을 따로 떨어진 것으로 보지 않고 다른 사람들이 하는 일과의 전체 관계 속에서 본다면 직장 동료들과의 관계를 중시할 것이고, 결국 함께 일하는 사람들과의 관계에서 더 많은 만족을 얻게 된다. 이들에게 일해서 버는 돈은 보너스가 될 것이다.

당신에게 직업이란 무엇인가?

기대하지 않으면
삶이 편해진다

일상생활에서 스스로 많이 사용하기도 하고 듣기도 하는 말 중에 스트레스 '받는다'라는 말이 있다. 학생들은 과제와 시험과 취업 문제로 스트레스를 받는다. 어떤 사람들은 다이어트 때문에 스트레스를 받고, 직장인은 업무와 직장 상사 때문에 스트레스를 받는다. 우리는 여기서 '받는다'라는 표현 방식을 따져 볼 필요가 있다. 과연 스트레스는 받는 것인가? 스트레스가 무슨 주고받는 물건이라도 되는가?

스트레스는 밖에서 오지 않는다

스트레스는 그냥 밖에서 주어지지 않는다. 한 손만으로는 손뼉을 칠 수 없듯 우리 내부에 욕구, 즉 동기가 없으면 스트레스도 없다. 이 관점에서 앞의 예를 설명하면, '좋은 성적을 얻고 싶다'라는 동기가 학업 스트레스를 만들고, '취업하고 싶다'라는 동기가 취업준비생의 스트레스를 배가한다. 멋진 몸매를 바라기에 다이어트라는 스트레스가 찾아오고, 일을 잘하고 싶고 인정받고 싶다는 욕구가 직장인을 괴롭게 한다.

물론 대부분의 사람이 바라는 바를 스트레스의 한 원인이라고 말하는 것은 다소 억지스러울 수 있다. 그런 욕구는 당연하고, 그러한 욕구가 있기에 스스로 발전하려고 노력하는 것 아니겠는가. 적당한 욕구는 우리를 성장시키는 건강한 추동력이 된다. 하지만 욕구가 과도하면 그때부터 문제가 생긴다. 비현실적일 정도로 과도한 욕구를 갖게 되면 결코 욕구를 충족시킬 수 없다. 그 결과 항상 욕구 좌절 즉 '동기 좌절'

이라는 스트레스 상태에 있게 된다. 또한 과도한 동기는 미래에도 충족시킬 수 없을 것 같다는 생각이 들기 때문에 스트레스의 또 다른 유형인 '동기 좌절 예상'의 스트레스 상태에 놓이게 된다.

반면 현실적이고 적절한 동기라면 일시적으로 좌절되더라도 그 충족을 위해 더욱 매진하여 '동기 충족'이라는 웰빙을 경험하게 된다. 또한 미래에도 충족할 수 있으리라는 자신감이 있기에 웰빙의 또 다른 유형인 '동기 충족 예상'의 상태에 있게 된다. 따라서 비현실적이거나 과도한 동기라면 단념하거나 적절한 크기의 동기로 줄이도록 해야 하고, 현실적이고 적절한 동기라면 포기함 없이 최선을 다해 추구해야 한다. 그래야 스트레스를 줄이고 웰빙을 늘리는 삶이 된다.

할 수 있는 것과 할 수 없는 것

자신에게 있는 동기 가운데 어떤 동기가 비현실적이거나 과도하고, 어떤 동기가 현실적이고 적절한 것일까? 신학자 라인홀드 니버의 <평온의 기도>라는 유명한 기도문에도 이런 문제의식이 담겨 있다.

"신이시여, 제가 바꿀 수 없는 것은 받아들이는 평온을 주시고, 바꿀 수 있는 것은 바꾸는 용기를 주시고, 이 둘의 차이를 알 수 있는 지혜를 주소서."

이 기도문을 동기와 관련지어 보면, 충족할 수 있는 적절한 동기라면 용기를 가지고 충족하기 위해 노력하고, 동기가 비현실적이고 과도하다면 그러한 동기는 평온한 마음을 가지고 포기하거나 줄이는 것이 바람직하다. 중요한 건 먼저 이 둘의 차이를 아는 지혜이다. 지혜가 없다면 동기를 포기하거나 적절하게 줄여야 할 때 충족하려고 헛된 노력을 할 것이고, 동기를 충족하기 위해 좀 더 매진해야 할 때 노력하지 않고 포기하는 어리석음을 보이게 될 것이다.

이 둘을 분별하는 지혜를 어떻게 얻을 것인가? 그냥 신께 달라고 기도하면 되는가? 물론 간절한 기도도 도움이 될 것이다. 그러나 평소에 자신을 잘 들여다보면 경험을 통해 다음과 같이 동기의 적절성을 알수 있는 지혜를 얻게 된다. 과도한 동기에는 '늘', '항상', '언제나' 등이 포함된다. 자신이 바라는 바가 시간적으로 예외 없이 충족되어야 한다는 것이다. 또 과도한 동기에는 '모든'도 포함된다. 자신이 바라는 바가 공간적으로 예외 없이 모든 대상에 대해 충족되어야 한다는 것이다.

'진정한 친구라면 내가 만나자고 할 때 언제나 나와 주어야 한다.' 이런 생각을 하는 사람의 동기를 충족시킬 수 있는 친구가 있을까? 과도한 동기가 있으면 좌절을 피하기 어렵다. 잘 지내다가도 한두 번 만나자고 했을 때 못 나온 친구를 향해 '이 친구도 진정한 친구가 아니다'라고 생각하며 실망하고 멀어지게 된다. '진정한 친구라면 서로의 모든 면을 속속들이 다 알아야 한다'라는 생각을 하는 사람 역시 친구에게 과도한 동기를 갖게 된다. 이런 사람은 친구에 관해 모르던 것을 다른 사람에게 듣게 되면 그 친구에게 배신감을 느낀다.

'부부관계를 원할 때 아내가 한 번이라도 거절하면 나를 사랑하는 것이 아니다.' 이런 생각을 하는 남편을 둔 아내는 남편이 원할 때 언제나 들어주어야 한다는 강박 때문에 스트레스를 받을 수밖에 없다. 그러다 보면 아내는 부부관계 자체가 싫어질 수도 있고, 결국 남편의 동기는 좌절될 것이다. '남편은 돈도 잘 벌고 아이와 잘 놀아 주고 아이 교육에도 관심을 보이고 가사도 분담하고… 이 가운데 하나라도 제대로 하지 않으면 좋은 남편이 아니다.' 이런 생각을 하는 아내는 남편에게 과도한 것을 바라게 된다. 결국 자신의 동기는 충족되지 않고 남편과의 불화를 피하기 어렵다.

세상에 완벽은 없다

다른 사람에게만 아니라 자기 자신에게도 과도한 동기를 갖는 경우가 많다. 사람들과 만나도 즐겁지 않다면 자신에게 '모든 사람에게 언제나 관심을 받아야 한다'는 과도한 동기가 있는지도 모른다. 이러한 동기는 충족되기 어렵고 결국 침울한 기분이라는 열매를 낳는다. 맞벌이하는 직장인은 직장에서 '아이를 키우니까 이 모양이다'라는 말을 안 듣기 위해 완벽하게 일을 하고, 집안일도 잘하고, 아이도 잘 키우고, 집안 대소사도 다 챙겨야 한다며 스스로에게 과도한 짐을 지운다. 이 모든 것을 완벽하게 해내는 사람이 몇이나 될까? 과도한 동기를 갖는 사람은 끊임없는 스트레스에 시달릴 수밖에 없다. '주변의 모든 사람에게 늘 인정받고 사랑받아야만 한다'는 과도한 동기가 있으면 사소한 일에도 큰 스트레스를 느낀다. 예를 들어 길에서 아는 사람에게 인사를 했는데 그 사람이 인사를 받지 않고 그냥 지나갔다면 그 일을 두고 '왜 그랬을까', '내가 뭘 잘못했나', '도대체 나에게 어떻게 그럴 수가 있나', '내가 그렇게 못났나'와 같은 질문을 종일 곱씹으며 스트레스를 만든다.

사람들은 백이면 백 모두 자신에게는 과도한 동기가 없다고 말한다. 자신의 소망이 모두 이뤄지기를 원하는 건 상식적으로 말이 되지 않는다고 생각한다. 그러나 일상에서 스트레스를 받을 때 자기 마음을 가만히 들여다보면, 비상식적인 과도한 동기가 있음을 알게 된다. 특히 동기가 좌절되었을 때 스트레스가 크게 느껴지고 자꾸 반추하게 되고, 오래 지속된다면 그 동기가 과도한 동기일 가능성이 높다. 좋은 친구나 좋은 배우자를 바라는 것이 잘못된 것은 아니다. 자기 역할에 충실하고자 하는 마음도 바람직하다. 사람들에게 인정받고 사랑받는 것을 싫어할 사람이 어디 있겠는가. 다만 그 동기가 과도하면 문제가 된다. '모든 면'에서 '모든 사람'에게 '언제나' 바랄 때 과도한 동기가 되는 것이다.

우리가 사는 지구는 천국이 아니다. 모든 일이 언제나 뜻대로 되지는 않는다. 때로는 좌절을 경험할 수밖에 없다. 나름대로 바라는 바를 추구하되 지나치지 않도록 하자. 이럴 때 자연스럽게 행복해진다. 스트레스를 받더라도 '그럴 수도 있다', '별일 아니다'라고 생각하며 조금 더 가볍게 만들어서 날려 보내게 될 것이다.

3장

흔들릴 줄 알아야
부러지지 않는다

고통은
마주해야만 사라진다

스트레스 관련 과목의 첫 수업 시간에 4학년 학생이 발표하겠다고 손을 들었다. 그는 앞으로 나와서 이것이 자신의 4년 대학 생활에서 첫 번째 발표라고 고백했다. 그에게는 발표불안이 있었기 때문이다.

　어떻게 단 한 번도 발표하지 않고 대학 4년을 보낼 수 있었을까? 그 학생은 신청한 과목의 첫 시간에 출석해서 수업 과정에 발표가 있는지 없는지부터 확인했다. 그리고 발표가 있다고 하면 수강 정정을 해서 그 과목을 빠르게 포기해 버렸다. 그 덕에 발표를 용

케(?) 피하고 4학년 2학기를 맞은 것이다. 그런데 이 강의는 발표가 의무 사항이 아니라 아직 수강 신청을 취소하지 않은 상태였다.

그러던 그가 발표를 하겠다고 나왔다. "겉으로는 능숙해 보여도, 속으로는 다들 긴장하고 떨고 있다. 떨리는 건 당연한 일이니, 굴하지 않고 자꾸 연습해야 좋아진다."는 담당 교수의 격려가 도움이 되기도 했을 것이다. 그러나 무엇보다도 스스로 더 이상은 안 되겠다고 강한 마음을 먹었기 때문에 이런 일이 가능해지지 않았나 싶다.

그는 졸업을 앞두고 있었다. 발표불안 때문에 수강에 큰 제약이 있었던 것처럼 진로 선택에도 큰 제약이 있는 상태였다. 이대로는 안 되겠다는 생각에 용기를 내어 앞으로 나와서, 자신의 스트레스는 발표불안이라고 고백했다. 남들 앞에 서는 것이 너무 떨려서 계속 회피해 왔고 진로 선택도 자유롭지 못함을 얘기했다. 약간 긴장한 듯했지만, 그의 얘기는 진솔했고 학생들도 진지하게 경청했다. 그 학생이 후련하다며 얘기를 마쳤을 때 학생들은 손뼉을 쳤다. 발표는 성공적이었다.

그날의 발표 이후, 그 학생은 계속 발표를 할 수 있었다. 학기 말 마지막 발표에서는 자신의 진로가 바뀌었으며 이제는 진짜 하고 싶은 일을 할 수 있게 되었다고 담당 교수에게 감사를 전했다. 더 이상 회피하지 않고 직면함으로써 자신의 문제를 해결한 성공 사례였다.

한번 도망치면 계속 도망친다

당신은 무엇을 두려워하고 무엇을 싫어하는가? 자신의 삶에서 무엇을 회피하는가? 고통을 직면하는 건 어려운 일이다. 사실 모든 고통을 직면해야 할 필요는 없다. 회피하고 편하게 살 수도 있다. 어린 시절 물에 빠져 죽다가 살아난 이후로 물이 무섭다면, 바닷가나 수영장만 피하면 두려울 일이 없다. 멋모르고 사막 여행을 갔다가 죽을 고생을 했다면 다시는 사막에 안 가면 된다. 사람과의 갈등이 두려우면 다툴 일이 있을 때 그 자리를 피하면 된다. 외국인과 말하는 것이 두려우면 말을 거는 외국인을 피하면 된다. 개가 무서우면 멀리서 개가 보일 때, 개를 피해 다른 길로 돌아가면 된다.

그러나 고통스럽다고 회피하면 더 큰 고통을 받기도 한다. 높은 곳이 두려우면 높은 곳에 안 가면 되지만, 원하는 직장이 고층 건물의 높은 층에 있다면 어찌하겠는가. 시어머니를 만나는 것이 고통스러울 경우, 시어머니를 피하면 당장은 편할지 모른다. 그러나 나중에 관계가 악화되어 돌아오는 더 큰 고통은 어떻게 할 것인가. 터널이 무서우면 또 어떻게 하겠는가. 지하철도 못 타고, 운전할 때는 목적지에 가기 위해서 온갖 터널을 피해 한참 돌아가야 한다. 위에 든 예처럼 발표불안의 경우에는 발표할 상황을 피하면 된다. 하지만 자영업이라면 모를까 직장 생활을 하려고 한다면 발표하는 상황을 피하기는 매우 어려울 것이다.

환경만 탓하면 안 된다

현재 상황이 녹록하지는 않다. 우리나라 사람들은 세계에서 유례없을 정도로 빠른 경제 성장을 이뤄냄과 동시에 매우 높은 스트레스를 경험하고 있다. OECD 국가 중 가장 높은 자살률을 보인다는 사실이 그 현실을 단적으로 대변한다.

한편 우리가 과거에 비해 나약해진 면은 없을까? 한 손으로는 손뼉을 치지 못한다. 외적 요인만으로 스트레스가 발생한다기보다는 내적 요인, 즉 우리 자신의 특성이 함께 작용해서 스트레스가 만들어진다고 해야 한다. 물론 극단적으로 강한 외부 자극이 있다면 대부분의 사람이 스트레스를 경험할 수밖에 없지만, 그렇지 않은 경우에는 우리 마음의 힘이 작용해서 스트레스의 발생을 막거나 약화할 수도 있다.

우리 사회를 한번 돌아보자. 과거에 비해 외부의 어려움을 견뎌 내는 내면의 힘이 약해지기 쉬운 구조를 갖추고 있다. 날씨만 따져도 과거에는 지금보다 더 춥고 더 더웠다. 아침에 일어나면 머리맡에 놓아

둔 대접의 물이 얼기도 했다. 아무리 추워도 내복 바람으로 추운 마당에 나가서 세수해야 했고, 볼일을 보려면 마당 한쪽의 난방도 안 되는 변소에서 바지를 내리고 쭈그려 앉아야 했다. 한겨울에도 버스에는 히터가 없었다. 사람이 많아야 따뜻했기 때문에 오히려 만원 버스가 좋았다. 한여름에도 에어컨을 찾아보기 어려웠다. 찌는 더운 여름날에도 60명이 넘는 친구들의 체온과 함께 선풍기도 없는 교실에서 공부했다. 편지를 보내면 답장을 받기 위해 일주일은 기다려야 했다. 전화하려고 해도 공중전화 앞에서 길게 줄을 서야 했다.

지금은 지하철 전동차 안뿐만 아니라 지하철을 기다리는 역사에도 에어컨이 나온다. 어느 곳을 가도 냉난방이 구비되어 있고 실내에서 찬물과 더운물을 사용할 수 있다. 샤워도 매일 할 수 있다. 예전에는 한 달에 한 번 목욕탕에 가서 몸을 씻어도 별로 불편하지 않았지만 요즘은 하루만 샤워를 하지 않아도 견딜 수 없다. 과거에는 부모님께 받은 몸에 칼을 댄다는 것은 있을 수도 없는 일이라 자신의 외모를 운명처럼 받아들였다. 하지만 지금은 온몸을 성형하는 세상인지라 얼굴에 잡티 하나만 있어도 참지 못하게 되었다. 예전에는 부친 편지에 답신이 오기까지 한 달 동안 설레며 기다리기도 했지만, 지금은 상대에게 보낸 메시지에 당장 답장이 오지 않으면 안절부절못한다.

물질문명의 발전으로 편리해진 환경에서 불편을 견디는 우리의 인내력이 과거보다 많이 약해졌다. 이렇게 외부 자극을 견뎌 내는 힘의 저하가 심리적 고통에 대한 인내심도 약화시키지는 않았을까? 한 논설위원은 "퇴영적인 아프다 타령으론 안 된다. 특히 기성세대까지 아프다고 징징대는 풍경은 더욱 꼴 보기 싫다"라며 '아픔·치유·위로 증후군'을 일갈했다.

꽤 오래전부터 일어난 '힐링' 열풍이 여전히 불고 있다. 서점에서도 힐링 관련 책이 많이 팔리고 힐링 관련 상품 광고와 텔레비전 프로그램을 자주 접할 수 있다. 힘든 사람들을 위로하고 돕는 것은 맞다. 그러나 '힐링' 추세가 얄팍한 상업주의에 편승하거나 단기적인 대증요법으로 치우쳐서는 안 된다. 사람들의 내면이 강인해지고 인격이 성장하도록 돕는 것이 우선이다. 여기에 내면의 힘을 키우려는 스스로의 노력도 필요하다.

도망치지 말고 직면하라

여러 해 전부터 마음챙김을 치료의 한 요소로 포함하는 심리치료가 늘고 있다. 그중 수용-전념치료 ACT는 고통을 피하지 않고 '직면'하길 강조한다. 고통을 피하지 않고 직면하면 마음에서는 과연 어떤 일이 벌어질까?

다음에 소개할 연구를 통해 이를 짐작해 볼 수 있다. 한 연구에서 술이나 약물 남용으로 기관에 수용된 사람을 대상으로 전통적인 치료와 수용-전념치료를 실시했다. 그 결과, 수치심을 느끼는 정도에서는 수용-전념치료를 받은 사람들이 더 높은 점수를 보였지만, 나중에 기관에 재입원하는 비율은 훨씬 더 낮았다. 수용-전념치료에서는 고통스러운 감정을 없애려고 하기보다는 있는 그대로 직면하고 받아들이는 연습을 가르치기 때문이었다.

살다 보면 이런저런 이유로 수치심을 느낄 때가 있다. 그리고 우리는 수치심을 애써 외면하고 회피하는 데 익숙하다. 그러나 수용-전념치료를 받은 사람들은 수치심을 온전히 받아들였다. 고통스럽더라도 자신의 불완전성을 인정하니, 그 후론 오히려 더 단단히 견딜 수 있게 되었다. 더 이상 수치심을 잊기 위해 술이나 약물로 도망갈 필요가 없었다.

일상의 작은 불편부터 회피하지 않고 있는 그대로 직면해 보면 어떨까. 요즘 지하철을 타면 거의 모든 사람이 고개를 숙이고 스마트폰에 빠져 있다. 나름대로 유용한 시간을 보내는 사람도 있겠지만, 아무것도 하지 않는 무료함에서 도피하기 위한 목적으로 이용하는 경우도 많을 것이다. 오늘부터라도 잠시 스마트폰을 끄고 마음을 과거나 미래가 아닌 현재에 머물게 하며 또렷이 깨어 있으면 어떨까. 즉 지금 이 순간 자신의 호흡은 어떠한지, 몸의 각 부위는 어떤 상태이고, 마음은 어떤 상태인지를, 있는 그대로 가만히 느끼는 마음챙김을 해 보는 것이다.

딱 한 사람에게만
이기면 된다

감정은 즐겁거나 즐겁지 않은 두 가지 상태로 나누어 진다. 그 중간 상태는 엄밀하게 보면 약간이라도 즐겁거나 즐겁지 않은 상태라고 하니, 매 순간 우리는 즐겁거나(웰빙) 즐겁지 않은(스트레스) 상태라고 할 수 있다. 당신은 지금 어떤 상태에 있는가?

행복과 불행은 동기에서 온다

나는 '동기상태이론Motivational States Theory, MoST'이라 하여, 웰빙과 스트레스를 동기, 즉 욕구의 상태에 따라 정의한다. 우리는 흔히 동기가 충족된 상태를 웰빙으로, 동기가 좌절된 상태를 스트레스로 여기지만 나는 동기가 충족된 상태뿐만 아니라 충족이 예상되는 상태도 웰빙으로, 동기가 좌절된 상태뿐만 아니라 좌절이 예상되는 상태도 스트레스로 정의한다.

동기상태이론에 따르면, 동기가 없으면 스트레스도 없다. 그러므로 스트레스를 원하지 않으면 동기를 없애면 된다. 그런데 동기가 없으면 웰빙도 없으므로 동기를 무작정 없앨 수도 없는 노릇이다. 그렇다면 어떻게 해야 하는가? 우리가 가지고 있거나 가질 수 있는 동기의 수는 많으므로, 어떤 동기를 지니고 추구할 것이며 어떤 동기를 버릴지 잘 선택하는 것이 중요하다.

동기를 바꾸면 행복해진다

우리는 무엇을 기준으로 동기를 선택해야 할까? 행복한 삶을 위해서는 가급적 외재적 동기보다는 내재적 동기를 선택하는 것이 좋다. 행위 그 자체가 좋아서 하는 것이 내재적 동기에 따른 행동이라면, 행위 자체보다는 그에 따른 결과를 위해 하는 것은 외재적 동기에 따른 행동이다.

현대 사회는 알게 모르게 경쟁을 부추기며 사람들을 외재적 동기에 의해 움직이게 하는 경향이 있다. 외재적 동기로 움직이면, 동기가 좌절되는 경험이나 동기 좌절이 예상되는 경험을 하기 쉽다. 예를 들면 학점이나 장학금을 위해서, 혹은 중요한 시험에 합격하기 위해서 공부하는 학생들은 걱정이 많아진다. 혹시 원하는 학점이 안 나오면 어떻게 하나, 장학금을 못 받으면 어떻게 하나, 합격하지 못하면 어떻게 하나 등을 생각하느라 정작 공부에 에너지를 쏟지 못한다. 이런 걱정은 집중을 방해한다. 게다가 걱정에서 도피하고 회피하기 위해 자신도 모르는 사이에 공부와는 관계없는 컴퓨터 게임이나 인터넷 서핑 등에 빠지기도 한다. 심지어 중요한 시험을 앞두고 꼭 소모적인 연애에 빠지는 경우도 있다.

그 결과, 공부의 양이나 깊이가 충분하지 못해 원

하는 학점이나 장학금을 못 받거나, 중요한 시험에서 떨어진다. 그러면 공부하면서도 동기가 좌절될 것이라 예상되어 스트레스를 받고, 공부 결과에 의해서도 동기가 좌절되어 스트레스를 받는 셈이다. 그러므로 외재적 동기를 따르기보다 이를 내려놓고 내재적 동기에 따라 공부 자체에 몰입하는 것이 오히려 외재적 동기를 충족시키는 데 도움이 된다.

성숙해질수록 행복해진다

행복을 위해 추구해야 할 또 하나의 중요한 동기는 바로 '성장 동기'다. 여기서 성장이란 몸이 자라는 물리적 성장이 아니라 심리적 혹은 영적 성장을 의미한다. 다르게 표현하자면 성장 동기는 인격 완성을 향한 동기이다. 긍정 심리학을 연구하는 피터슨과 셀리그만은 인간의 긍정적 특성을 24가지의 인격 강점character strengths으로 구분하고, 이를 다시 다음의 6가지의 덕virtues으로 분류했다.

첫째, '지혜, 지식'의 덕에 속하는 강점은 삶의 질

을 높이는 정보를 얻고 사용하는 데 관련된 특성으로 창의성, 호기심, 학구열, 개방성, 조망력(폭 넓게 보는 능력) 등이 있다. 둘째, '용기'의 덕에 속하는 강점은 목표를 성취하기 위해 의지를 사용하는 특성으로 진실성, 용기, 끈기, 열정 등이 있다. 셋째, '인간애'의 덕에 속하는 강점은 관계를 소중하게 여기는 데서 나타나는 특성으로 친절성, 사랑, 사회지능 등이 있다. 넷째, '정의'의 덕에 속하는 강점은 대체로 사회적이며 개인과 집단 또는 지역사회와의 상호작용과 관련되는 특성으로 공정성, 리더십, 팀워크 등이 있다. 다섯째, '절제'의 덕에 속하는 강점은 지나치지 않도록 보호하는 특성으로 용서/자비, 겸손/겸양, 신중성, 자기조절 등이 있다. 여섯째, '초월'의 덕에 속하는 강점은 더 큰 우주와 결합하여 자신의 인생에 의미를 부여하는 것과 관련되는 특성으로 미와 우수함에 대한 감상력, 감사, 희망, 유머, 신앙심/영성 등이 있다.

이러한 덕 혹은 인격 강점을 개발하고자 하는 동기는 성장 동기라고 할 수 있다. 성장 동기를 확립하고 충족하고자 노력하는 것은 동기를 충족해 웰빙 상태를 증진한다. 이뿐만 아니라 성장 동기는 스트레스를 예방하며 스트레스 상태를 웰빙 상태로 바꿔준다.

나는 이해심, 관대함, 아량 등으로도 표현할 수 있는 너그러움의 덕을 양성하고자 하는 동기를 가지고 있다. 이름에 바를 정正 자가 들어가서인지 나는 매사에 옳고 그름을 가리려고 한다. 게다가 직업이 교수이고 학자이다 보니 매일 하는 일이 논문이나 책을 비판적으로 읽고 학생들의 시험지나 과제를 보며 고칠 점을 찾는 것이다. 자연히 너그러움의 덕은 마음의 한쪽 구석에서 여윌 수밖에. 그래서 의식적으로 너그러움의 덕을 기르고자 웬만한 일은 '그러려니', '그럴 수도 있다'라고 대수롭지 않게 받아들이려고 한다. 아내가 남은 음식을 버려도 그러려니 한다. 제자들의 웬만한 허물은 모른 척 넘어간다. 음식점에서 주문과는 다른 엉뚱한 음식이 나와도 그럴 수도 있다고 생각하고 그냥 먹는다. 그전 같으면 지적을 하거나 짜증이 났을 상황에서도 너그럽게 대하는 나를 발견할 때 스스로 대견하고 뿌듯하다.

예전 같았으면 고스란히 스트레스 상태를 유발했을 사람들의 행동이나 상황이 너그러움을 기르려는 동기로 인해 오히려 웰빙 상태를 만들어 준다. 즉, 스트레스 상황이 동기 충족의 조건이 된다. 물론 스트레스 상황은 너그러움의 동기를 충족시킬 '필요조건'일 뿐이다. '충분조건'은 실제로 너그러움을 실천했을 때 주어진다.

실천할 때 가장 중요한 태도는 작은 성공을 쌓아 나가는 것이다. 소소한 너그러움의 실천에 몇 번 성공하고 나면, 앞으로 맞이하게 될 스트레스 상황도 너그럽게 받아들일 수 있으리라는 기분 좋은 기대감이 생긴다. 즉, 동기 충족 예상이라는 웰빙까지 덤으로 얻게 된다. 이렇게 보면 너그러움의 동기는 똥을 거름으로 만들고 지푸라기를 황금으로 만드는 요술 방망이 같다.

인생의 달인이 되는 법

텔레비전을 보면 다양한 '생활의 달인'이 나온다. 어떤 달인은 파 썰기 달인이다. 그는 마치 드럼 스틱을 다루듯이 손목을 이용해서 칼을 매우 빠른 속도로 움직이며 신기에 가까운 손놀림을 보여 준다. 어떤 달인은 타이어를 발로 차서 원하는 위치로 정확하게 보낸다. 눈을 감고도 정확하게 세차를 하는 달인도 있고, 종이박스를 엄청나게 빠른 속도로 접는 달인도 있다. 이들이 달인으로 불리게 된 것은 돈을 더 벌기 위해서가 아니다. 자신의 행위를 완벽하게 해내려는 욕구를 충족하기 위해 생활 속에서 끊임없이 반복해서 연습하고 또 연습한 결과다.

성장 동기를 확립하고 그 충족을 위해 연습하고 또 연습할 때 우리는 '인생의 달인'에 다가설 수 있을 것이다. 어쩌면 스트레스가 감소하고 웰빙이 증가하는 것은 그 과정에서 생기는 부산물일지도 모른다.

넘어졌다면
다시 일어나면 그만이다

45세인 K 씨는 하루에 한 갑 반의 담배를 피운다. 그는 지금 담배를 끊고 싶어 한다. 20년 넘게 피우다 보니 몸에서 냄새도 나고, 하얗던 이도 누렇게 된 것 같고, 피부도 푸석푸석해지고, 피로도 쉽게 느끼게 되었다. 아내와 중학교와 고등학교에 다니는 아이들을 생각해서라도 건강하게 살아야겠다고 생각한다. 그래서 한국인의 사십 대 과로사가 세계 1위라느니, 흡연이 인체에 악영향을 끼쳐 폐암을 유발한다느니 하는 얘기가 나오면 그냥 지나쳐지지 않는다. 올해 초

그는 새해를 맞아 담배를 끊기로 작정했었다.

　그러나 실패하고 말았다. 지금까지 몇 차례나 금연을 시도했지만 번번이 실패를 맛봤다. 처음 며칠은 담배의 유혹을 잘 참다가도 어쩌다가 친구들과 어울려 술자리라도 가질라치면 하얀 연기의 유혹을 당해 내기가 쉽지 않았다. 그리하여 담배를 한 모금이라도 피우고 마는 순간, 그는 스스로를 '실패자'로 단정 지어 금연의 의지를 꺾고서는 다시 하루에 한 갑 반의 담배를 피우는 이전의 그로 돌아가 버리곤 했다.

　그 한 모금이 스스로를 실패자로 결론 내리게 하는 이유의 전부였다. 남이 보기에는 별것 아닌 행동인데, K 씨가 보기에는 담배 한 모금이 굉장히 컸다. 왜냐하면 K 씨가 '흑백논리' 사고를 하고 있기 때문이었다.

흑백논리의 함정에 빠지다

　흑백논리는 중간은 없고, 답은 이것 아니면 저것이라고 판단하는 사고방식이다. 다른 말로는 '이분법적 사고'라고도 한다. 이런 사고방식은 모든 경험을 양극단 중 하나로 평가하게 하고, 세상을 이분법적으로만 도식화한다. 하지만 현실은 다양하고 다변적이다. 흑백논리에 따라 '모 아니면 도'라는 식으로 범주를 나누게 되면, 본질은 왜곡될 수밖에 없다.

이뿐만 아니라 흑백논리는 종종 완벽주의와 결합하여 극심한 스트레스를 만들어낸다. 흑백논리에 완벽주의가 붙으면 자신이 추구하는 목표 상태를 '백白'이라고 할 때 하나라도 잘못된 것이 있거나, 실수가 단 한 번이라도 있으면 곧바로 '흑黑'이 되어 버리고 만다. 따라서 흑백논리로 사고하는 사람들은 일을 추진하다가 한 번이라도 실수하거나 실패하면 곧바로 포기하는 경향이 있다. 금방 포기하는 일이 반복되다 보면 결국 자포자기 상태가 되고 자존감이 많이 떨어진다. 자신은 뭘 해도 안 된다는 생각마저 드는 것이다. K 씨 역시 담배 하나도 끊지 못하는 자신을 한심하게 여겼고, 결국 다른 일에 대한 자신감도 연이어 잃게 되었다.

금연 말고도 다이어트와 관련해서 유사한 경험을 하는 사람들이 많다. 이들은 극단적으로 완벽한 어떤 상태를 목표로 두고서 다이어트를 한다. 그러다 도중에 한 번이라도 실패하면 자포자기하며 폭식하는 사람이 얼마나 많은가. 거기에 그치지 않고 자신을 심하게 원망하고 비하하기까지 한다. '나는 안 돼, 안 돼…' 하면서.

흑백논리 사고방식에 자신의 결심을 묶어 두는 한, 이 같은 반복은 끊임없이 악순환될 것이다. 금연이나 다이어트의 성공을 위해서라도 일단은 흑백논리의 덫에서 자신을 풀어 주고 볼 일이다.

걱정을 없애려면
생각을 멈춰야 한다

스트레스를 받고 싶은 사람이 어디 있으랴. 하지만 누구나 불가피하게 스트레스를 받으며 산다. 어젯밤 늦게 집에 들어와 잠도 제대로 못 잔 상태에서 아침 일찍 일어나느라, 바쁜데 멈춰서 내려오지 않는 엘리베이터 때문에, 전철역에서 계단을 거의 다 내려갔는데 문을 닫고 출발하는 전철 때문에 스트레스를 받는다. 이런 일상적이고 사소한 것들이 매일 반복되어 쌓이면 건강에 악영향을 주는 만성 스트레스로 작용한다. 좀 더 심각한 스트레스도 있다. 갑자기 소집된

회의에서 상사에게 질책받고 인간적으로 모욕까지 당했다면? 나를 험담하는 동료가 있다는 얘기를 들었다면? 더욱이 회사에서 조만간 몇 명 감원될 거라는 소문까지 돌고 있다면 마음이 어떻겠는가.

이런 스트레스를 제대로 관리하지 못하면 삶의 질이 떨어지고 건강을 해치며, 급기야는 사망에 이를 수도 있다. 스트레스로 인한 질병은 가볍게는 두통, 감기, 과민 대장 증후군부터 심하게는 고혈압, 심장 질환, 뇌졸중, 각종 암, 당뇨, 위궤양, 관절염, 불임까지 셀 수 없이 많다. 또한 스트레스는 불안, 우울, 분노 등 부정적 정서를 경험하게 하며, 기억력을 감퇴시키고 판단 착오를 불러온다. 나아가 개인이 받는 스트레스는 그가 몸담은 조직에도 사기 저하, 생산성 저하, 사고 재해 증가 등의 손해를 입히게 된다.

스트레스는 선택이다

당신은 스트레스를 받을 때 어떤 '선택'을 하는가? 아마도 자기 자리에 돌아와서도 자기에게 스트레스를 준 일을 계속 머릿속으로 곱씹으며 되새김질할 것이다. 그러면 할 일도 제대로 처리하지 못하게 되고 기분은 더 나빠진다. 머릿속 되새김질은 스트레스를 다룰 때 부적절하며, 현명한 선택이 아니다.

이것이 어째서 선택의 문제냐고? 스트레스 상황에서는 우울해지고 화가 나서 일이 손에 안 잡히는 것이 당연하므로 선택을 말하는 건 얼토당토않다고 생각할지도 모른다. 하지만 같은 상황에서 누구나 똑같이 행동하지는 않는다. 분명 다르게 대처하는 사람도 있다. 그러니 스트레스 상황에서 나오는 우리의 반응은 선택의 문제라고 할 수 있다. 의도적 혹은 의식적으로 한 것은 아니지만 머릿속으로 되새김질하면서 우울해하거나 화내는 행동은 본인이 선택한 것이다. 문제가 더 커지는 것은 더 나은 방법을 생각하지 못하고 습관적이거나 무의식적으로 부적절한 방법을 선택했기 때문이다. 다음 일화를 읽어 보자.

스님 한 분이 제자와 길을 가다가 냇가에 이르렀

다. 한 여인이 그 내를 건너지 못해 발을 구르고 있는 것을 본 스님은 선뜻 여인을 업고서 내를 건너 맞은 편에 내려 주었다. 제자는 스승을 이해할 수 없었다. 여인을 내려 주고 길을 가면서도 제자는 수행자가 어찌 여인을 함부로 업을 수 있느냐는 생각에 혼란스러워서 한참 고민하다가 뾰로통한 얼굴로 스승에게 물었다.

"스승님, 수행자가 어떻게 여인을 업을 수 있습니까? 정말 이해할 수가 없습니다."

그러자 스승이 답했다.

"나는 그 여인을 냇가에 내려놓고 왔는데, 너는 아직도 그 여인을 업고 있구나."

스트레스가 그러하다. 내려놓지 못하고 스트레스에 빠져서 생각하면 할수록 우리는 더욱 스트레스에 함몰된다. 이는 기억이 정서의 영향을 받기 때문인데, 이를 심리학에서는 기분 일치성 효과라 한다. 기쁠 때는 즐거웠던 기억이 더 잘 떠오르고, 우울할 때는 괴롭고 슬펐던 기억이 더 잘 떠오른다는 뜻이다. 기분 일치성 효과로 인해 스트레스 상태에서 우리는 극단적으로 부정적인 생각을 하게 된다. 그러므로 스트레스 상태에서는 생각을 많이 하거나 중요한 판단을 내려서는 안 된다.

스트레스 상태에서는 우선 그 스트레스와 관련된 생각을 멈추고 기분을 전환할 수 있는 행동을 선택해서 해야 한다. 마음을 스트레스 정서와 반대되는 평화, 행복, 사랑, 감사, 성취감, 기쁨, 재미, 도전감, 희망 등의 긍정적인 상태로 바꿔 주어야 한다.

땀 흘리며 운동한 뒤의 쾌감을 기억해 보라. 운동하면서 스트레스 호르몬이 사라지기 때문에 운동은 정서를 바꿔 주는 좋은 방법이다. 근무 중이라 운동하기 여의찮다면 잠깐 앉아서 눈을 감고 심호흡과 함께 명상해 보는 것도 좋고, 옥상에 올라가서 큰 소리로 '나는 할 수 있다'를 몇 번 외쳐 보는 것도 좋다. 점심시간을 이용해 회사 근처 공원을 잠깐 산책하는 것도 좋다. 기분 좋아지는 일을 자기 처지에 맞게 먼저

하고, 기분이 전환되고 나면 그다음에 본격적으로 생각하라.

독과 약은 한 끗 차이다

스트레스는 잘 관리하면 오히려 약이 된다. 그러기 위해서는 스트레스에 대해 긍정적이고 적극적인 태도를 갖는 것이 필요하다. 스트레스는 고통스럽지만 우리에게 무언가 변화가 필요하다고 알려 주는 기능을 한다. 몸의 고통과 마찬가지의 기능을 하는 것이다. 몸의 고통을 느끼지 못하는 환자가 있었는데, 그 사람은 여기저기 데고 베이고 부러지고 해도 아픔을 느끼지 못해 적절히 대처할 수 없었으며 결국 오래 살지 못했다. 스트레스를 느낀다는 것은 나와 환경 간의 상호작용에 어떤 문제가 있다는 뜻이다. 스트레스는 그 문제를 알아차리고 적절하게 대처하라는 신호다. 따라서 스트레스를 느끼는 것보다 스트레스를 느끼지 못하는 것이 오히려 더 위험하다.

또 스트레스는 성장과 환경 개선의 기회가 될 수

도 있다. 운동선수 가운데는 어린 시절 몸이 약해서 운동을 시작했고 그 결과 건강한 몸과 현재의 운동 능력을 갖추게 되었다고 말하는 사람들이 있다. 그리고 직장 내 스트레스를 해결해 가는 과정에서 업무와 관련된 지식과 기술, 삶의 지혜가 증진되고 인격이 성장하며, 업무 환경이 개선되기도 한다. 사실, 스트레스가 없다면 성장도 없다. 현대를 살아가면서 불가피하게 같이 갈 수밖에 없는 스트레스. 40대 돌연사 세계 1위의 행로에 동참할지 혹은 삶에 활력을 주고 성장을 가져오는 웰빙의 먹이로 삼을지 현명하게 선택할 일이다.

더 가질수록 오히려
불행해지는 이유

요즘만큼 사람들이 몸에 지대한 관심을 쏟은 적이 또 있을까? 많은 부모가 자식의 '숨은' 키를 찾기 위해 거금을 투자한다. 지하철에 걸린 탈모 광고에서는 나처럼 머리가 벗겨진 사람의 사진을 붙여 놓고 관리를 받으라고 한다. 지하철 타기가 민망하다. 유전이니 어쩔 수 없다고 대수롭지 않게 넘어가려고 해도, 많은 사람이 모인 자리에서 버젓이 탈모를 관리하거나 치료받아야 하는 증상으로 몰아가니 자괴감이 든다.

여성들은 얼마나 스트레스를 받을까. 텔레비전에

나오는 연예인들은, 마른 몸매가 아니면 전부 열등한 몸매이고 풍선처럼 큰 가슴이 아닌 작은 가슴을 가진 여성은 열등감을 느껴야 한다는 메시지를 주입하는 것 같다. 아파트 상가 광고의 절반 이상이 피부 관리, 탈모 관리, 손톱 관리, 비만 관리 가게로 채워져 있다. 인터넷 광고에도 비포-애프터before-after 사진을 담은 얼굴 성형수술 광고가 빠지지 않는다. 홑꺼풀 눈은 쌍꺼풀 눈으로 만들 때까지, 낮은 코는 오똑하게 만들 때까지, 사각턱은 깎아서 갸름하게 만들 때까지 내내 주눅 들고 열등감을 느껴야 한다는 분위기다.

욕구는 점점 몸집을 불린다

관심은 몸에만 머물지 않는다. 우리의 욕구는 몸에서 확장되어 사용하는 물건이나 사는 집까지 뻗쳐 있다. 현대 자본주의 속에 사는 우리는 매일 새로운 욕구의 목록을 마음에 주입하고 있다. 굴러온 돌이 박힌 돌을 뺀다고, 새로 들어온 욕구는 기존의 충족된 욕구를 밀어내고 새롭게 충족해야 할 욕구로 자리를 잡는다.

그냥 휴대전화에서 사진도 찍는 휴대전화로, 다시 텔레비전도 보는 휴대전화로, 더 나아가 이제는 어디서든 콘텐츠를 향유할 수 있는 스마트폰으로 우리의 욕구는 계속 변천해 왔다. 최신 스마트폰을 가진 사람은 그렇지 않지만 구형 휴대전화를 사용하는 사람은 사람들 앞에서 자신의 휴대전화를 꺼내기가 창피해진다. 왠지 자신이 시대에 뒤처지는 기분도 든다. 어디 휴대전화뿐인가. 새로운 형태의 텔레비전, 더욱 업그레이드된 컴퓨터와 노트북, 새로운 기능의 냉장고, 향상된 기능과 세련된 디자인의 자동차, 새로운 모델의 명품 가방과 명품 의류, 새로운 디자인과 편리한 기능으로 채워진 아파트 등등 욕망의 대기 목록은 끝이 없다.

욕구는 진화의 산물이다

몸과 물질에 대한 우리의 욕구는 진화의 산물이

다. 이성에게 매력적이지 못한 여성이나 남성은 후손을 둘 수 없었다. 화려한 깃털을 갖춘 공작새나 강한 힘을 가진 사자가 후손을 남기듯이, 우리는 끊임없이 남들과 비교하며 외모를 가꾸고 경제력을 키우며 자신을 과시해 온 조상의 후손이다. 과시 욕구는 이제 짝짓기와 무관하게 그 자체로 독립적인 욕구가 되었기 때문에, 우리는 나이를 불문하고 과시 욕구를 강하게 추구하며 그것이 충족되면 만족감을 느낀다.

문제는 남들과 비교하는 항목이 근래에 들어 기하급수로 증가했고, 증가 추세가 멈출 줄 모른다는 것이다. 과거에는 외모에서 비교 우위를 차지하기 위해 할 수 있는 일이 많지 않았지만, 지금은 쌍꺼풀을 만들 수도 있고 코를 높일 수도 있고 턱을 깎을 수도 있고 가슴 크기를 조절할 수도 있다. 경제력을 비교하는 항목 역시 과거와 비교할 수 없을 정도로 증가했다. 단순히 소유할 수 있는 물건의 수량만이 아니라 물질적으로 누릴 수 있는 혜택의 가짓수도 엄청나게 증가했다. 예를 들면 과거에는 아무리 돈이 많은 사람이라도 하루 만에 지구 어느 곳에나 갈 수는 없었다. 지금은 돈만 있으면 비행기를 타고 지구 어느 곳이든 하루 안에 간다. 비행기를 탈 때도 좌석에 등급이 있어서 돈을 더 많이 내면 더 좋은 서비스를 받는다.

경제적으로 현재의 하위 계층과 상위 계층의 차이는 과거의 하위 계층과 상위 계층의 차이와는 비교할 수 없을 정도로 커졌다. 게다가 더 이상 신분제도의 제한이 없으므로 비교 대상의 제한도 없으며, 텔레비전이나 인터넷 등 대중매체의 발달은 비교 범위를 작은 동네에서 국가나 세계 전체로 확장시켰다. 이제는 이웃이나 동네 사람과 비교하지 않고 나라나 세계의 모든 사람과 비교를 한다.

이러한 상황은 개인에게 큰 스트레스다. 이제 과거처럼 쉽게 포기하거나 받아들일 수 없다. 자신이 노력해서 돈을 벌면 얼굴과 몸을 고칠 수 있고 물건을 더 많이 가질 수 있고 더 좋은 서비스를 더 많이 받을 수 있다. 그 결과, 돈 버는 데 더 집착하게 되고, 이를 위해 한국 같은 사회에서는 학력을 높이는 데 더 집착하게 된다.

욕구에도 균형이 필요하다

아름다운 얼굴과 탄탄한 몸매 등 멋진 외모를 향한 욕구를 나쁘다고 탓할 수만은 없다. 좀 더 업그레이드된 기능과 세련된 디자인의 제품을 향한 욕구를 비난할 수만은 없다. 이러한 욕구가 없었다면 지구상에서 인간이 지금까지 번성하며 살지 못했을 테다.

'조화'가 중요하다. 우리 마음을 구성하는 욕구들의 조화, 지구 생태계와의 조화를 생각해야 한다. 자본주의의 특성상, 물질은 아무리 채워도 채워지지 않는 갈증을 느끼게 한다. 이는 인류의 생존 자체를 위태롭게 할 정도로 지구 생태계를 파괴할 뿐 아니라 우리 내면의 다른 건강한 욕구의 추구를 위협한다.

우리 마음에는 몸에 대한 욕구, 물질에 대한 욕구만 있는 것이 아니다. 눈에 보이지 않는 내면의 욕구도 들여다봐야 한다. 단순히 과시하고 부러움을 받는 관계가 아니라 진정으로 존중하고 사랑하는 관계를 맺고 싶은 욕구도 있다. 일이 주는 금전적 보상을 넘어, 일 자체를 통해 성취감을 얻으려는 욕구의 충족도 행복한 삶에 매우 중요하다. 삶의 의미를 찾고 인간적으로 성숙해지려는 욕구도 건강하고 행복한 삶을 위해 빼놓을 수 없다. 이러한 내면의 욕구가 충족될 때, 우리는 어떤 시련이 와도 쉽게 병들지 않는 건강한 삶을 살아갈 수 있다.

자신의 마음에 어떤 욕구가 있는지, 어떤 욕구가 사라지고 새로 생겨나는지 정신 차려 살피지 않으면 외부 환경의 영향에 취약해진다. 광고 같은 외부 자극이 심어 놓은 욕구를 충족하느라 매일같이 쏟아지는 새로운 상품을 끊임없이 소비하게 된다. 안타까운 것은 이러한 물질적 욕구는 충족에 따른 만족감이 오래가지 않으며, 일단 생겨난 물질적 욕구를 충족하지 못하면 쉽게 불행해진다는 사실이다.

어떤 욕구를 추구할 것인가

우리는 갖추면 행복해지는 행복의 조건이 아니라 갖추지 못하면 불행해지는 불행의 조건이 늘어나는 사회에서 살고 있다. 이런 사회에서 살다 보면 똑바로 정신 차리지 않는 한 누구의 삶을 사는지도 모른 채 행복하지도 않은 삶을 살다가, 어느덧 병들고 죽음을 목전에 두게 된다.

우리는 자기 인생에서 추구하는 욕구들이 어떤 것이 되어야 하는지, 이들 간의 우선순위는 어떻게 부여해야 하는지와 같은 근본적 질문에 답할 수 있어야 한다. 그것이 행복한 삶의 출발점이다. 자주는 아니라도 가끔은 삶의 유한함을 돌아보며 죽음을 생각하면, 역설적으로 현재 삶이 좀 더 풍요로워진다. 죽음에 임하며 편안하게 미소 짓는다면 잘 산 인생이라 할 것이다. 이러한 죽음을 원한다면 어떤 욕구들을 어떻게 추구해야 할까?

이 질문에 정답이 따로 있는 것은 아니다. 한번에 답이 명쾌하게 모두 나와야만 좋은 것도 아니다. 살면서 이러한 질문을 종종 던지는 것 자체가 삶을 돌아보게 하고 신선하게 하며 방향을 올바르게 잡아 줄 것이다.

끝으로 영어 경구 하나를 소개한다. 아래에서 '쥐 경주rat race'란 극심한 생존경쟁 속에서 사는 삶을 비유하여 표현한 말이다.

"If you win the rat race, you are still a rat."

(쥐 경주에서 일등을 한다고 해도 여전히 쥐일 뿐이다.)

당신은 어떤 경주에서 일등을 하고 싶은가?

나를 사랑하는 것이
먼저다

자전거는 소싯적에 타 보고 성인이 된 이후에는 탈 기회가 거의 없었다. 그러다가 두 달 전, 아내의 제안으로 자전거를 샀다. 아내와 함께 장을 보고, 한강에 나가고, 공원으로 소풍을 가면서 자전거의 즐거움을 알았다. 일주일에 한두 번은 30킬로미터 정도 거리에 있는 직장에 '자출(자전거로 출퇴근하기)'도 한다.

자전거를 타면서 느낀 점이 몇 가지 있는데, 그중 하나는 분노나 공격성이 자신의 '약점' 때문에 나타난다는 것이다. 자전거를 산 지 얼마 안 됐을 때는 보행 도로를 옆에 두고도 자전거 도로로 다니는 사람들에게 짜증이 나서 벨을 마구 울렸다. 또 자전거가 오든 말든 곁을 보지 않고 앞을 가로지르는 사람들에게 화가 나기도 했다. 그런데 이제는 그런 사람들을 봐도 감정의 동요가 없다.

왜 그럴까 생각해 보니 그사이에 나의 자전거 실력이 좋아졌기 때문이었다. 초반에는 자전거 타는 실력이 부족해서 안절부절못했다. 손에 힘이 꽉 들어간 채 자전거 손잡이를 쥐고서 잔뜩 긴장한 얼굴로 페달을 밟았다. 그런 상태였으니 사람들이 앞에서 왔다 갔다 하면 혹시나 잘못해서 넘어지거나 사람을 들이받을지도 모른다는 생각에 신경이 곤두설 수밖에. 그러나 이제는 장애물을 여유 있게 피할 정도로 실력이 늘어서, 사람들이 있어도 긴장하지 않고 지나간다. 예전에는 보이지 않던 주위 풍경도 즐기면서 말이다.

부족감은 분노로 나타난다

인간관계에서도 이와 유사한 현상을 볼 수 있다.

누구나 정도 차이는 있지만 종종 피해의식을 느낄 때가 있다. '문자에 금방 답장이 없는 것은 나를 무시하기 때문이 아닌가?', '인사를 했는데도 그냥 지나가는 것을 보니 나를 싫어하나?', '배우자가 결혼기념일을 까먹은 것을 보니 사랑이 식은 걸까?', '앞에서 좋게 얘기하지만 뒤에서는 나의 험담을 하고 있지는 않은가?', '나를 모함하지는 않는가?' 등 내용은 다양하다.

누군가에게 화가 나는 것도 알고 보면 사랑받거나 존중받지 못하기 때문이다. 혹은 사랑이나 존중받지 못하면 어쩌지 하는 두려움 때문이다. 누군가를 미워하는 것도 결국 그가 나를 사랑하지 않기 때문에, 혹은 사랑하지 않을 것 같기 때문이다. 실제로 그렇든 단지 피해의식이든 우리는 피해를 보고 있거나 당하리라고 주관적으로 생각할 때 공격적으로 변한다. 그러면 상대도 공격적으로 변한다. 이러한 감정의 악순환은 가족이나 직장 동료와 같은 가까운 관계에서 종종 나타난다. 매우 안타까운 일이다. 우리가 진실로 바란 것은 사랑이지 미움이 아니기 때문이다.

먼저 내 마음을 채워야 한다

나의 내면이 사랑과 존중으로 채워져 있을 때 몸 속 깊은 곳에서부터 든든함과 자신감이 차오른다. 인간관계에서도 피해의식에서 벗어날 수 있고 여유와 너그러움을 지닐 수 있다. 이렇게 사랑과 존중을 내 속에 채우는 좋은 방법이 있다. 바로 '자비수행'이다.

자비수행이란 나 자신부터 시작해서 가까운 사람에 이어 먼 사람에 이르기까지 영역을 확장해 소망과 축원을 보내는 수행이다. 수행이라고 하니 거창하게 느껴지겠지만 사실 누구나 쉽게 할 수 있다. 다음의 문구를 매일 되뇌기만 하면 된다.

> (　　　　)가 건강하기를.
> (　　　　)가 평화롭기를.
> (　　　　)가 행복하기를.
> (　　　　)가 성장하기를.

괄호 안에 먼저 나를 넣고, 다음에는 가까운 사람을 넣고, 가급적 생생한 심상을 그리며 자비를, 사랑하는 마음을 보낸다. 이 수행을 매일 꾸준히 하면 사랑과 존중이 마음속에 점차 튼튼하게 뿌리내릴 것이다.

4장

흐르는 대로
가볍게 산다

약도 과하면
독이 된다

오래전 군대에서 먹은 쌀밥을 잊을 수 없다. 당시 군대에서는 소위 짬밥이라고 하는 거칠고 누런 밥을 먹었다. 그런데 어느 날, 새해 첫날이라고 하얀 쌀밥이 나왔다.

숟가락으로 떠서 한 입 넣는데 마치 뜨거운 난로에 눈꽃이 떨어지듯이 입에서 그대로 녹는 것이 아닌가! 반찬도 필요 없었다. 그렇게 맛있는 밥을 그 이전에도 이후에도 먹어 보지 못했다. 그 쌀밥이 특별했다고는 생각하지 않는다. 아마 거친 밥에 적응되어 있

던 내 입과 내면이 하얀 쌀밥이라는, 겪어 본 지 오래
된 낯선 자극에 예민하게 반응할 수밖에 없었기 때문
이리라.

행복은 제자리로 돌아온다

심리학에는 적응에 관한 이론들이 있다. 감각과
관련해서는 '감각적응 이론'이라 하여, 같은 감각이
계속 주어지면 그 감각에 적응되어 느낌이 둔화된다
고 본다. 잘 관리되지 않은 공중 화장실에 막 들어가
면 용변 냄새가 코를 찌르지만 조금 지나면 아무렇지
않은 것도 이 원리로 설명된다.

행복에도 적응 현상이 있다. 새로운 음식을 먹거
나, 스마트폰이나 자동차를 사거나, 집을 장만하거나,
월급이 올라가면 우리는 행복해진다. 그러나 그 행복
은 잠시뿐이다. 올라간 행복 수준은 곧 다시 제자리
로 돌아온다. 우리 모두 늘 경험하는 현상이다. 복권
에 당첨된 사람도 처음에는 행복 수준이 급하게 상승
하지만 시간이 지나면 대체로 다시 원래 수준으로 돌

아온다. 행복에 적응하는 현상을 심리학에서는 쾌락 적응 혹은 '쾌락의 쳇바퀴hedonic treadmill' 현상이라고 부른다.

그런데 쾌락 적응에도 불구하고 혹은 쾌락 적응 때문에, 우리는 원하든 원치 않든 새로운 쾌락을 추구하게 된다. 현대 사회의 자본주의 경제는 끊임없이 새로운 제품을 생산하고 소비하게 하여 인간이 적응 상태에 있도록 가만 내버려 두지 않는다. 새로운 휴대전화에 적응할 만하면 또 새로운 휴대전화가 나오기를 반복하다가 급기야 스마트폰이 등장했으며, 스마트폰 역시 주기적으로 새로운 기종이 쏟아져 나오고 있다. 자동차도 그렇고 옷도 마찬가지다. 적응할 만하면 신제품이 나오고 새로운 유행이 등장한다.

새로운 제품을 만들고 소유하는 것이 잠시라도 행복 수준을 올려 준다는 점에서는 긍정적이기도 하다. 그러나 누구나 신제품을 가질 수 있는 건 아니므로, 새로운 제품의 등장은 곧바로 사지 못하는 사람들에게 불행감과 위화감을 줄 수 있다. 많은 사람이 행복은커녕 기저 수준의 행복도 유지하지 못하게 되는 것이다.

지나친 쾌락은 고통이 된다

현대 사회에는 칼로리가 높고 맛이 자극적인 다양한 음식이 넘쳐난다. 원시시대의 우리 조상들은 멀리 나가서 애를 써야 간신히 먹을거리를 장만할 수 있었지만, 지금은 동네 편의점에 먹을거리가 지천으로 깔려 있고 자정에도 클릭 한 번이면 각종 야식이 배달된다. 경제 발전과 함께 육류의 소비와 공급이 급증하고 패스트푸드와 외식 문화가 발달하면서, 자극적이고 다양한 음식을 질리지 않고, 즉 쾌락 적응을 극복(?)하면서 계속 섭취할 수 있게 되었다. 그 결과, 1960년대에는 어느 병원에 당뇨병 환자가 있다고 하면 의사들이 희귀한 사례를 본다고 모이곤 했다는데 지금은 당뇨병 환자가 집집마다 있을 정도며 각종 암과 심혈관 질환 같은 현대병도 창궐하고 있다.

쾌락 적응이 일어나면 심각한 부작용이 발생한다.

쾌락을 느끼는 데 필요한 자극의 강도가 점점 높아지면서, 전에는 별문제가 없었거나 쾌락을 줬던 자극이 더 이상 쾌락을 주지 않을 뿐만 아니라 불쾌를 주기도 한다. 한때 멋져 보이던 과거의 휴대전화 기종은 한물간 촌스러운 물건이 되고, 건강에 도움되지만 소박한 음식은 맛없게 느껴지며, 재래식 화장실은 도저히 이용할 수 없는 공간이 된다.

의도적 결핍이 필요하다

노트북처럼 필요 때문에 새로운 기종을 사는 것은 어쩔 수 없다 치더라도, 그렇지 않은 경우에는 자꾸 더 새롭고 자극적인 것을 찾기보다는 오히려 몸을 더 자극이 없는 상태로 만드는 것이 좋다. 즉 몸에 의도적으로 결핍을 주면 쾌락 적응의 부작용을 차단하는 데 도움이 된다. 특히 유행병처럼 증가하고 있는 현대인의 만성 질환을 고려할 때 더욱 그러하다. 결핍을 준다는 것은 일정 기간 자극을 차단하는 것이다. 그렇게 하면 새로운 자극 없이 이미 주어진 것만으로도 행복감을 높일 수 있다.

과거에는 문화적 혹은 종교적으로 능동적인 결핍 장치가 마련되어 있었다. 이슬람교에서는 라마단 기간 한 달 동안 해가 있을 때는 금식을 한다. 이 기간에는 해가 있는 동안 음식뿐만 아니라 음료, 담배, 성행위 등이 모두 금지되어 쾌락에서 멀리 떨어져 있게 된다. 이러한 전통은 구약시대에도 있었으며, 천주교에서는 금식이나 고기를 먹지 않는 금육 기간을 두고 지켰다.

종교에서 의도적으로 욕구를 절제하여 결핍 상태를 선택하는 데는 인내심, 신앙심, 이웃에 대한 사랑 등을 기르며 속죄하고 몸과 마음을 정화한다는 종교적 이유가 있다. 그런데 여기에는 종교적 기능 말고도 쾌락 적응을 막아 주는 심리적 기능이 담겨 있다. 일정 기간 음식을 끊거나 육류 섭취를 제한하는 것은 건강에도 좋을 뿐 아니라 쾌락 적응의 시곗바늘을 거꾸로 돌려서 일상의 소박한 음식이 주는 만족을 되살려 주기 때문이다.

현대에 들어서는 이러한 결핍 장치를 엄격하게 지키는 경우가 많지 않을뿐더러, 엄격하게 지킨다고 해도 종교적 의미보다 형식에 치우쳐 원래 의미가 퇴색된 것 같다. 그렇다고 더 이상 신의 명령이 통하지 않는 합리적인 현대인에게 종교적 결핍 장치를 강요할 수도 없는 노릇이다. 그러면 현대인을 위한 결핍 장치는 어떻게 마련할 수 있을까?

사회운동이나 필요한 법률 제정을 통해 결핍 장치를 제공할 수 있겠으나, 우선은 각자 자기 규율을 세워 결핍을 제공해야 한다. 건강을 생각하고 지구 생태계를 고려하며 자율적으로 스스로에게 결핍을 주도록 결정해 자신의 생활 속에 반영하는 것이다. 예를 들면 일주일에 한 끼는 금식 하거나 일주일에 하루는 고기를 먹지 않으면 어떨까? 할 수만 있다면 평소에는 채식을 하고 일주일에 하루만 고기를 먹는 것도 좋다. 패스트푸드는 일주일에 횟수를 정해서 먹고 평소에는 가급적 거칠고 소박하더라도 건강에 좋은 음식을 먹는다.

단, 결핍이라고 해서 완전히 금지할 필요는 없다. 강압적인 금지는 오히려 반발심을 불러 쾌락에 더 집착하게 만들 뿐이다. 일상의 삶을 살아가되, 자신의 처지에서 충분히 가능한 수준의 결핍을 시도하는 것이 현명하다.

행복은 결핍에서 온다

모든 사람이 행복을 바라지만 행복의 조건은 사람마다 다르다. 어떤 사람이 호텔 식사를 매일 할 수 있으면 행복하겠다고 하는 말을 들은 적이 있다. 그런데 호텔 식사를 매일 할 수 있는 사람과 한 달에 한 번 할 수 있는 사람 가운데 누가 더 행복할까?

대부분은 당연히 호텔 식사를 매일 할 수 있는 사람이 더 행복하다고 생각할 것이다. 그러나 적어도 호텔 식사와 관련해서는 한 달에 한 번 할 수 있는 사람이 더 행복할 것이다. 처음 호텔 식사를 할 수 있게 되었을 때는 호텔 식사가 주는 행복감이 매우 크겠지만, 매일 먹다 보면 호텔 식사는 일상이 되기 때문에 새롭지도 않고 기다리게 되지도 않는다. 반면에 한 달에 한 번 먹을 수 있는 사람은 먹을 때마다 호텔 식사를 맛있고 만족스럽게 느낄 것이다. 당연히 호텔 식사를 할 수 있는 날을 손꼽아 기다리며 혹은 호텔 식사를 할 돈을 모으며 매일매일 행복할 것이다.

세간에 유행했던 '익숙함에 속아 소중함을 잃지 말자'라는 말이 있다. 무엇이든 익숙해지면 그 소중함 과 진가를 몰라 보게 된다는 뜻이다. 버릴 줄 아는 사 람만이 새롭게 채울 수 있다. 양손 가득 쥐려고만 했 던 것들을 가끔은 미련없이 놓아 보자. 비운 자리에 행복이 차오를 것이다.

머리의 온도가
곧 마음의 온도다

언젠가 아내와 함께 유치한 텔레비전 프로그램을 시청했다. 신동엽 씨와 이름이 잘 기억나지 않는 누군가가 함께 사회를 보고, 여자 탤런트들이 나와서 이런저런 얘기를 나누는 프로그램이었다. 오래돼서 내용이 잘 기억나지 않지만 별것 아닌 가벼운 얘기였던 것 같다. 그러나 우리 부부는 재밌게 웃으며 보았다.

흥미 있는 발견은 이 프로그램을 시청하고 나서 문득 정수리를 만져 보니 뜨겁지 않고 차갑더라는 것이다! 나만 그런 게 아니라 아내도 그랬다! 그냥 재미

있게 웃으면 머리가 시원해지는 건가? 다음 날 아침에 명상하고 나서 혹시나 해서 머리를 만져 보았다. 그런데 또 정수리가 차가운 것이 아닌가! 명상하면 머리가 시원해지는 건가?

어쩌면 머리가 시원해지는 게 아니고 손이 따뜻해진다고 말할 수도 있다. 온도는 상대적이어서 같은 온도의 물건이라고 해도 내 손이 차가우면 뜨겁게 느껴지고, 내 손이 뜨거우면 차갑게 느껴진다. 그렇다면 명상한 다음에, 혹은 유쾌하게 텔레비전을 본 후에 손의 온도가 올라가는 것일까? 아니면 머리의 온도가 내려가는 것일까? 사실 둘 다 맞는 말이다. 마음 상태에 따라 머리와 손의 온도가 함께 변하기 때문이다.

명상하거나 유쾌하게 웃으면 머리가 차가워지는 동시에 손은 따뜻해진다. 반대로 기분 나쁜 일로 화가 나면 머리가 뜨거워진다. 화가 나는 것을 흔히 '열받는다'라고 하지 않는가. 실제로 사람이 화가 났을 때 적외선 카메라로 체열을 측정해 보면 머리 부위가 높은 온도를 표시하는 빨간색으로 나타난다. 손은 머리와 반대다. 마음이 불편하면 손발은 오히려 차가워진다. 불안하거나 초조한 일이 있을 때 손발이 차게 식는 경험을 누구나 해 보았을 것이다.

머리는 시원하게 발을 따뜻하게

자고로 동양에서는 두한족열頭寒足熱이라고 해서 머리는 차게 하고 발은 따뜻하게 하라고 했다. 선도仙道 계통의 수련법에서는 단전호흡을 통해 몸에서 차가운 물 기운은 위로 올라가고, 뜨거운 불 기운은 아래로 내려가도록 하는 수승화강水昇火降을 가르친다.

서양에서 개발된 이완법의 하나인 슐츠의 자율훈련법에서는 일종의 암시를 통해 몸과 마음을 편안하게 만든다. 몸을 부위별로 나누어 팔, 다리, 배의 순서로 한 부위씩 따뜻하다는 암시를 주고, 마지막에는 이마가 시원하다는 암시를 준다. 이러한 암시는 마음이 편안할 때 몸은 이완되어 있고, 몸이 이완 상태에 있을 때 팔, 다리, 배는 따뜻하고 머리는 시원하다는 관찰에서 나온 것이다. 몸과 마음이 둘이 아니기 때문에 관찰 결과를 역으로 적용해 팔, 다리, 배를 따뜻하게 하고 이마를 차게 하여 몸을 이완하고 마음을 편안하게 하는 것이다.

이와 같이 동서양을 막론하고 몸과 마음이 편안하고 건강한 상태에 있을 때 팔다리와 배가 따뜻하고 머리는 시원하다는 것을 인정하고 있다. 생리적으로 볼 때 몸과 마음이 이완되고 편안한 상태는 교감신경과 부교감신경이 조화된 상태이다. 과도한 스트레스를 받을 때 교감신경은 지나치게 흥분하고 우리 몸은 긴장 상태에 놓인다. 반면에 마음이 편안해질 때는 부교감신경이 활성화되고 몸도 이완된다.

머리를 뜨겁게 하지 말자

현대인은 이런저런 일로 머리가 과열되는 경우가 많다. 공부한다고, 돈 번다고, 지위를 높이겠다고, 자식을 대학에 보낸다고, 대인관계에서 이 사람 저 사람 신경 쓰느라고 머리에 복잡한 생각들이 넘친다. 잘 살기 위해서는 생각이 어느 정도 필요하지만, 과

도한 생각은 머리를 과열시키고 마음에 한 뼘의 여유
공간도 허락하지 않는다.

그러니 가급적 머리를 과열시키지 말 것이요, 과
열되었다면 나름대로 좋은 방법을 실천해서 마음을
편하게 하고 머리를 시원하게 할 일이다.

단전호흡이나 명상, 혹은 자율훈련법이나 근육이
완법과 같이 서구에서 개발된 여러 가지 이완법으로
건강한 심신 상태를 만들 수 있다. 이러한 방법들은
조용하고 정적인 특성을 가지며, 스트레스나 스트레
스를 일으키는 생각에서 벗어나 고요한 즐거움을 누
리게 해 준다.

한편 텔레비전을 시청하거나 친구나 가족과 즐겁
고 재미있는 시간을 보내는 것처럼 활발하고 동적인
방법도 우리를 건강한 심신 상태로 이끌어 준다. 이
렇게 얻는 즐거움은 역동적이라는 점에서 정적인 방
법을 통한 즐거움과 다르지만, 스트레스나 스트레스
를 일으키는 생각에서 벗어나게 해서 마음을 편하게
하고 머리를 시원하게 한다는 점에서는 동일하다.

즐거움에도 조화가 필요하다

무엇이든 어느 하나에 치우치는 것은 좋지 않다. 조화로운 것이 좋다. 즐거움도 한 종류가 아니라 여러 유형의 즐거움을 조화롭게 갖는 것이 좋다. 정적인 즐거움도 좋지만 동적인 즐거움도 좋다. 묵직한 즐거움도 좋지만 가벼운 즐거움도 좋은 것이다.

나 같은 사람은 평소에 좀 심각한 편이어서 가벼운 즐거움의 기회를 좀 더 늘리는 것이 필요하다. 반대로 자신이 좀 가벼운 사람이라는 생각이 들면 명상과 같은 진중한 방법을 통한 즐거움을 놓치지 않도록 노력할 필요가 있다. 나를 돌아보건대 평소에 논문을 쓴다고 머리를 쥐어 짜내다 보니 정수리 부위가 뜨거웠던 것이 아닌가 생각된다. 텔레비전 오락 프로그램을 즐기는 데는 인색했고 그런 프로그램을 보며 낄낄거리는 사람들을 보고서 속으로 유치하다고 생각한 적도 많았다. 게다가 이리저리 일에 치여 명상도 제대로 못 하고 지낸 날이 얼마나 많았던가. 아마도 이런 것들이 나의 정수리 부위의 사막화(?)에도 지대한 영향을 주었을 것이다. 불쌍한 정수리, 얼마나 과열되어 왔던가. 이런 생각을 하니 괜히 내 몸에 미안해진다. 앞으로는 좀 더 '쿨'하게 살아 보리라.

마음에도
비타민이 필요하다

- ○ 아이스크림을 먹을 때 혀에서 사르르 녹는 게 정말 기분 좋다.

- ○ 지하철에서 이어폰으로 좋아하는 노래를 들으면 나만의 세계에 있는 듯하고 마음이 편안해진다.

- ○ 재미있는 영화를 보고 실컷 웃거나, 슬픈 영화를 보고 맘껏 울면 가슴이 후련하다.

- ○ 책을 다 읽고 나면 뭔가 많이 얻은 것 같아서 뿌듯하고 만족스럽다.

- ○ 신나는 놀이기구를 탈 때 온몸이 짜릿하다.

- ○ 마사지를 받으면 몸이 이완되고 마음이 느긋해진다.

- ○ 운동 후 샤워하고 마시는 캔 맥주 한 잔이면 모든 시름

이 사라진다.

○ 방에서 음악을 틀어 놓고 춤을 추면 마음이 후련해진다.

○ 예쁜 옷이나 귀걸이, 목걸이, 반지, 매니큐어, 구두 등을 보면 굳이 사지 않아도 기분이 좋다.

○ 친구와 한참 수다를 떨고 나면 기운을 아무리 뺐어도 기분이 좋고 생기가 넘친다.

○ 내가 만든 음식을 다른 사람이 맛있게 먹으면 안 먹어도 배부르고 흐뭇하다.

○ 음악을 크게 틀어 놓고 어질러진 집을 반짝반짝하게 청소했을 때 마음이 날아갈 듯 상쾌하다.

○ 미래에 꿈을 이룬 모습을 상상하면 기운이 나고 활기가 넘친다.

학생들에게 '나를 행복하게 해 주는 것들'을 적어 오라는 과제를 내고서 받은 목록이다. 당신을 행복하게 해 주는 것들은 무엇인가? 무엇이 당신을 즐겁게, 유쾌하게, 상쾌하게, 평화롭게, 희망차게, 들뜨게, 감사하게, 뿌듯하게, 자신 있게, 의욕에 넘치게 만들어 주는가? 한마디로 무엇이 당신을 웰빙 상태로 만들어 주는가? 지금 종이 위에 적어 보라. 머리에서 떠오르는 대로 그냥 써 내려가면 된다. 쓰기만 해도 기분이 좋아질 것이다.

'나를 행복하게 해 주는 것들'의 목록을 나는 '웰빙 목록'이라고 부른다. 단, 뜻밖에 돈이 생기거나, 젊어 보인다는 말을 듣거나, 경품에 당첨되거나, 갑자기 휴강이 되거나 하는 등 나를 행복하게 해 주지만 스스로 통제할 수 없는 일들은 이 목록에 포함하지 않는다. 웰빙 목록은 나를 행복하게 해 주는 것들 가운데 스스로 통제할 수 있는 행동들의 목록이다.

마음에도 다양한 영양소가 필요하다

매일 먹는 음식이 몸의 건강을 좌우한다. 충분한 열량을 섭취해야 할 뿐만 아니라 몸에 필요한 미네랄이나 비타민 등 영양소를 고르게 섭취해 주어야 한다. 예전에 막걸리를 좋아하는 어떤 분은 한번 내키면 한 달 동안 내리 막걸리만 마시기도 했다. 막걸리를 통해 칼로리는 얻었겠지만, 몸에 필수인 몇몇 영양소는 제대로 섭취할 수 없었을 것이다. 결국, 그분은 건강을 잃고 오래 살지 못했다.

몸에 영양소가 골고루 필요하듯 마음에도 영양소가 골고루 필요하다. 마음에 필요한 영양소는 무엇보다도 다양한 '긍정적 정서'다. 웰빙 목록은 마음에 필요한 여러 가지 긍정적 정서를 공급하는 음식 메뉴라고 할 수 있다. 먹는 음식에 관심을 두듯 긍정적 정서를 공급하는 메뉴를 늘 기억해 두고 마음에 영양이 부족하지 않도록 신경 써야 한다.

긍정적 정서는 외부에서 주어지기도 한다. 칭찬을 듣거나, 오랜 장마 끝에 밝은 햇살을 만나거나, 멀리 있는 친구에게 연락이 올 때 우리는 행복해진다. 그러나 대부분의 긍정적 정서는 스스로의 행동으로 만들어진다. 웰빙 목록을 작성하고 자주 돌아보며 실천하는 것이야말로 긍정적 정서를 자가 공급하는 아주 좋은 방법이다.

웰빙 목록은 우리를 행복하게 해 줄 뿐 아니라 스트레스 상태에서도 벗어나게 해 준다. 살다 보면 짜증 나고, 화나고, 우울하고, 슬프고, 소외감과 절망감을 느끼고, 권태롭고, 부끄럽고, 후회스럽고, 비참하고, 질투 나고, 불안하고, 두렵고, 걱정되고, 암울하고, 당황스러운 경험을 할 때가 많다. 이러한 스트레스 상태에서 스스로 적절한 행동을 취하지 않으면 스트레스 상태에 점점 더 매몰되어 버린다. 그러기 전에 능동적으로 웰빙 목록을 실천하는 것이 필요하다.

기분은 구르는 눈덩이처럼 커진다

심리학에는 '기분 일치성 효과'라는 말이 있다. 우리의 기억은 기분 혹은 정서 상태에 영향을 받아서 정서가 긍정적일 때는 긍정적 기억이, 정서가 부정적일 때는 부정적 기억이 더 잘 떠오른다는 것이다. 예를 들면 남편에게 화가 났을 때는 남편이 그전에 내게 잘해 준 것보다는 잘 못하고 서운하게 한 것들이 잘 떠오른다. 한번 화가 나면 그전에 화나게 한 기억들이 샘솟듯이 떠올라서 점점 더 화가 난다. 그뿐만 아니라 떠오른 부정적 기억을 남편에게 퍼부으며 공격하게 되니 남편도 화가 나서 아내를 되받아치는 결과를 낳는다.

따라서 화가 날 때는 가급적 멈추는 것이 좋다. 속으로 '스톱!' 혹은 '멈춰!'라고 크게 소리치고 휴전하는 편이 현명하다. 그렇지 않으면 작은 일로 싸우다 관계가 깨질 수도 있다. 휴전한 다음, 우선 자신의 웰빙 목록을 들여다보고 그때 가장 적절한 일을 행동으로 옮겨 보라. 우울하거나 불안할 때도 마찬가지다. 문제를 해결하겠다고 생각할수록 기분은 더 우울해지고 불안해진다. 기분이 우울하거나 불안할 때 생각을 하면, 과거에 우울했거나 불안했던 기억이 더 잘 떠오른다. 그럴수록 더 우울하고 불안해지며 다시 우울과 불안의 기억이 더 잘 떠오르는 악순환에 빠지게 된다. 미래에 대해서도 역시 우울하거나 불안한 예상만 하게 되기 쉽다. 모든 게 기분 일치성 효과 때문이다.

따라서 부정적 정서 상태에서는 될 수 있는 한 생각하지 않는 것이 좋다. 더욱이 중요한 판단이나 결정이라면 피하는 게 상책이다. 이럴 때는 웰빙 목록을 펼치고 적당한 항목을 실천해 보자. 평상심을 되찾은 후에 문제를 숙고하면 훨씬 더 현명한 판단과 결정을 할 수 있다.

비타민 혹은 응급약처럼 사용하라

웰빙 목록은 평소에 써 두어서 언제든지 필요할 때 볼 수 있도록 해야 한다. 이것도 기분 일치성 효과와 연관이 있다. 웰빙 목록의 내용은 긍정적 정서와 관련되어서 기분이 좋을 때는 잘 떠오르지만, 정작 더 필요한 때인 부정적 정서 상태에서는 잘 떠오르지 않기 때문이다.

웰빙 목록의 항목은 긍정 혹은 부정적 정서의 종류에 따라 분류해 두기를 추천한다. 전자는 긍정적 정서를 일으키는 데 효과적인 행동이고, 후자는 부정적 정서를 해소하는 데 효과적인 행동이다. 부정적 정서 중심의 웰빙 목록은 스트레스받을 때 유용하다. 이와 달리 긍정적 정서 중심의 웰빙 목록은 평소에 식사하고 비타민을 복용하듯이 특별히 스트레스를 받지 않더라도 매일매일 실천하면 좋은 항목들로 되어 있다. 병이 난 다음에 치료하는 것보다는 예방하는 것이 더 좋듯, 웰빙 목록을 평소에 활용하면 행복이 증진되고 스트레스 발생도 방지할 수 있다.

나를 위해
타인에게 친절하라

아내의 생일이었다. 내 또래 대한민국의 보통 남자가 대부분 그러하듯이 나도 아내에게 살가운 표현을 하는 데 익숙하지 않다. 그래도 생일인데 뭔가 표현은 해야 할 것 같아 전화했지만, 생일을 얘기하다가 할 말이 도저히 떠오르지 않았다. 그래서 아내에게 대뜸 말했다.

"지구에 온 의미를 생각해 보시오."

교수 아니랄까 봐, 아내에게까지 생일을 맞아 좀 더 의미 있는 삶을 살라고 가르치고 있는 것 아닌가.

스스로도 뜬금없는 얘기를 했다는 생각에 아차 싶었지만 이미 말은 입을 떠나 있었다. 아내의 반응도 뜨악했다.

이 일이 마음에 걸렸는지 그다음 날 문득 이런 생각이 들었다. '차라리 "당신이 함께 지구에 와 줘서 고마워"라고 말했다면 어땠을까? 그것이 나에게 있어서 아내가 지구에 온 의미 아닌가! 이렇게 말했다면 아내도 기뻤을 텐데.' 쇠뿔도 단김에 빼랬다고 즉시 아내에게 전화를 걸었다. 아내는 강의를 마치고 식당에서 밥을 먹으려고 하는 중이라고 했다.

"어제 전화해서 말을 잘못한 것 같아."

"왜?"

"이 말을 하려고 한 것이 잘못 나온 것 같아."

"어떤?"

"당신이 함께 지구에 와 줘서 고맙다고."

아내가 크게 웃는 소리가 들려왔다. 나도 겸연쩍게, 그러나 크게 웃었다. 적어도 아내가 지구에 온 중요한 의미 하나는 분명해진 것 아닌가!

크게 웃고 나더니 아내가 말했다.

"가슴이 확 뚫리네. 어제 지구에 온 의미를 생각해 보라고 했을 때는 가슴이 콱 막히더니 지금 그 말을 들으니 마음이 확 풀려."

나 역시 마음이 확 풀리며 기분이 좋았다. 개그맨이 유머를 던졌을 때 객석에서 웃음이 빵 터지더라도 이렇게 기분 좋지는 못할 것이다.

말 한마디에 천 냥 빚도 갚는다

한마디 말이 사람의 마음을 기쁘게 하고 따뜻하게 만든다. 말뿐만 아니라 작은 행동에서도 우리는 감동을 받고 행복을 느낀다. 왜 우리는 한마디 말에 이토록 감동받을까? 말이 관계를 만들고, 관계가 우리를 기쁘게 하기 때문이다. 관계는 때로 우리를 고통스럽게 하지만, 그럼에도 인간으로 태어난 우리는 관계 속에서 가장 진한 행복을 느낄 수 있다. 그리고 관계 속에서 가장 큰 행복을 느끼게 하는 행동이 바로 '친절'이다.

심한 우울증으로 고생하던 여성이 있었다. 하루는 그 여성의 절친한 친구에게서 전화가 걸려 왔는데, 오빠가 교통사고로 사망했다는 소식을 전하며 울었다. 그 여성은 친구 오빠의 장례 절차를 돕고 오빠를 잃어 고통스러워하는 친구와 여러 날을 함께하며 위로했다. 그러다가 문득 돌아보니 자신이 우울증에서 빠져 나와 있음을 알게 됐다. 이와 같이 우리는 주변에서 다른 사람을 돕는 친절 행동으로 행복해지는 사례를 종종 본다.

모든 친절이 행복을 부르진 않는다

하지만 친절한 행동이 모두 행복으로 연결되는 것 같지는 않다. 심리학 연구에 따르면 친절은 일상적으로 하는 양보다 더 많이 베풀어야 행복 효과가 나타나는 것으로 보인다.

한 실험에서 두 집단의 사람들에게 6주 동안 친절 행동을 하고 매주 일요일 저녁에 언제, 누구에게, 어떤 친절 행동을 했는지 보고서를 제출하게 했다. 각각의 집단은 동일하게 매주 다섯 가지의 친절 행동을 하게 된다. 다만, 친절 행동의 수행 패턴은 달랐다. 한 집단에는 다섯 가지 친절 행동을 요일을 정해 딱 하루에 몰아서 실천하게 했고, 다른 집단에는 다섯 가지 친절 행동을 일주일에 나눠서 골고루 실천하도록 했다. 참가자들이 실천한 친절 행동은 '친구에게 아이스크림을 사 주었다', '다른 사람 대신 설거지를 했다', '헌혈했다', '모르는 사람의 컴퓨터를 고쳐 주었다', '교수님께 열심히 가르쳐 주셔서 고맙다는 인사말을 전했다' 등 다양했다.

그런데 동일한 횟수의 친절 행동을 실천한 두 집단 가운데 한 집단에서만 행복 효과가 나타났다. 친절 행동 다섯 가지를 하루에 몰아서 실천한 집단에서만 행복이 증진된 것이다. 왜 이런 결과가 나왔을까? 연구자들은 참가자가 작은 친절 행동을 일주일 동안 나누어 실천하다 보니, 평소 일상과의 차이를 실감할 수 없었던 것이 원인이라고 추측했다.

또한, 반복적이고 매너리즘적인 친절 행동은 행복

에 별로 기여하는 것 같지 않다. 한 심리학 연구에서는 두 집단의 참가자들에게 일상생활에서 실천하고 싶은 친절 행동의 목록을 작성하게 한 후, 매주 그 목록의 친절 행동 가운데 세 가지를 10주 동안 실천하도록 했다. 한 집단에는 친절 행동 목록에서 '원하는' 친절 행동 세 가지를 골라 매주 다양하게 실천하도록 했고, 다른 한 집단에는 '동일한' 친절 행동 세 가지를 매주 반복해서 실천하도록 했다. 실험 결과, 원하는 친절 행동을 다양하게 골라서 실천한 집단에서는 행복 효과가 지속적으로 나타났다. 그러나 동일한 친절 행동을 반복해서 실천한 집단에서는 실험 중반까지 행복감이 오히려 감소하다가 이후에는 원래의 행복감 수준으로 돌아갔다.

연구 결과를 볼 때, 친절 행동이 행복에 기여하기 위해서는 베푸는 사람이 행동을 자유롭게 선택할 수 있어야 한다. 또한 습관적으로 실천해서도 안 되고, 행동도 신선해야 한다. 실제로 만성 질환이나 장애를 앓는 사람을 종일 돌보는 일은 종종 우울증을 유발하기도 한다.

　우리는 모두 지구에 와서 살다가 100년도 못 살고 언젠가는 떠나야 하는 동일한 숙명을 지녔다. 서로에게 조금 더 친절을 베풀며 산다면 삶은 조금 더 행복해질 것이다. 매일 반복되는 일상이 때로는 지겹게 느껴질지라도 조금만 여유를 가지고 노력하자. 작지만 신선한 친절을 만들고 실천하는 재미와 기쁨을 함께 나눌 수 있다.

이타심은
이기심에서 시작된다

○ 한 사람의 선善을 칭찬하는 것

○ 한 사람의 악惡을 덮어 주는 것

○ 배고픈 사람을 구제하는 것

○ 남이 근심하는 것을 보고 잘 위로해 풀어 주는 것

○ 의롭지 않은 재물을 취하지 않는 것

○ 다른 사람을 대신해서 그 빚을 다 갚아 주는 것

○ 한 사람의 법정 소송을 그치도록 권하는 것

○ 마땅히 책망할 사람의 책임을 용서해 주는 것

○ 부부간 불화를 화해시켜 다시 살게 하는 것

○ 뜻밖의 봉변을 당해서도 화내지 않는 것

○ 남의 비방을 감당하면서 변명하지 않는 것

○ 귀에 거슬리는 말을 듣고도 화내지 않는 것

...

중국 명나라 때 살았던 원황袁黃(1533~1606)이 아들에게 가르침을 전하기 위해 저술한 《요범사훈》에 인용된 공과격功過格(공덕과 죄과를 기록하는 표)의 일부이다.

임진왜란 때 군사 자문으로 조선에 파견되어 우리나라와 인연을 맺기도 한 원황은, 자신의 인생이 어린 시절 만난 도인의 예언대로 진행됨을 보고 운명을 믿게 된다. 하지만 운곡 선사를 만나 공과격 수행을 하여, 영원불변할 줄 알았던 운명을 바꾸는 데 성공한다. 운곡 선사는 《주역》에 나오는 "선을 쌓는 집안에는 반드시 남아 넘치는 경사가 있다積善之家 必有餘慶"는 말을 인용하며 원황에게 공과격 수행을 권했다고 한다.

공과격은 위에 기술한 것과 같이 실행에 옮기면

1점부터 100점 사이의 공덕을 쌓게 되는 행위 목록과, 반대로 '귀에 거슬리는 말을 듣고 화를 내는 것' 등 실행에 옮기면 1점부터 100점 사이의 죄과를 범하게 되는 행위 목록으로 구성되어 있다. 원황은 공과격을 기준으로 매일의 생활에서 쌓은 공덕과 범한 죄과를 기록하면서 죄과를 만들지 않고 공덕을 쌓는 삶을 살기 위해 노력한다. 이를 통해 예언과 달리 자식도 얻고 수명도 연장하게 되었다고 한다.

베푼 바 없이 베풀라

불교에서는 남들에게 베푸는 행위를 보시布施라고 하는데, 보시 중에서도 최고의 보시는 무주상보시無住相布施다. 무주상보시란 내가 누군가에게 무엇을 베풀었다는 생각을 품지 않고 하는 보시를 일컫는다. 이와 같이 불교에서는 집착 없는 마음으로 보시하는 것을 강조한다. 심지어 무주상보시가 아닌 보시는 공덕이 없다고도 한다.

이와 관련한 유명한 얘기가 있다. 양무제가 달마

대사를 만났을 때, 이렇게 물었다고 한다. 자신이 절을 짓고 경전을 편찬하는 등 불사를 많이 했는데 어떤 공덕이 있느냐고 말이다. 달마 대사는 "없다無!"라고 딱 잘라 말했다. 달마 대사와 양무제의 얘기가 실제 있었던 일인지는 모르겠으나, 선행도 집착 없는 마음으로 하라는 가르침이 이 얘기에 담겨 있음은 분명하다.

이치에 맞는 참으로 훌륭한 가르침이다. 하지만 현실에서 무주상보시를 실천에 옮기기란 여간 어려운 일이 아니어서 그렇게 행동하는 사람을 좀체 찾아보기 어렵다. 그렇다고 '모 아니면 도'라는 식으로, 완벽하게 실천하지 못할 바에 안 하겠다는 태도로 사는 것도 옳지 못하다. 그렇다면 이 가르침을 어떻게 이해하고 실천해야 할까?

딱 한 걸음부터 시작하자

산에 오르는 일을 떠올려 보자. 헬리콥터나 케이블카를 타면 한 번에 산꼭대기까지 오를 수 있지만,

그렇게 하지 않는 이상 정상에 오르려면 한 걸음 한 걸음 내딛는 수밖에 없다. 그 걸음들이 쌓여야 정상에 다다를 수 있다. 마찬가지로 매일매일 생활 속에서 이기적 욕망에서 벗어나는 나름의 실천을 해 나갈 때, 우리는 궁극적으로 해탈이라고 말하는 '소아小我적 집착에서 벗어나는 일'이 가능해진다.

사실 앞서 소개한 공과격은 불교에서 말하는 인과응보因果應報(전생에 지은 선악에 따라 현재의 행과 불행이 있는 일)의 가르침과 맞닿아 있다. 인과응보의 가르침에 따라 우리가 선을 베풀기 위해 노력하듯, 공과격 역시 우리가 일상생활에서 공덕을 쌓는 이타적 행위를 하도록 이끈다. 고통이 주어졌을 때도 감내하도록 도와 소아적 욕망을 다스리게 해 준다. 또한 죄를 만들지 않는 노력을 하도록 유도하기도 한다. 흥미로운 것은 공과격의 실천, 혹은 넓은 의미에서 인과응보를 믿고, 그것에 따른 선행을 하고 악행을 삼가는 것이 이기적 욕망을 통해 이기적 욕망을 다스리는 이열치열의 원리라는 점이다. 선행을 지향하고 악행을 삼가는 것은 타인을 배려하는 행동인데, 이것이 어째서 이기적 욕망에 따른 행동이라는 것일까?

인과응보를 믿고 따른다는 것은 다음 생의 자신이 더 행복하게 살 수 있도록 지금 생에서 공덕을 쌓으며 살겠다는 것을 의미한다. 즉, 자신의 행복과 번영을 바라는 이기적 욕망이 담겨 있다. 그런데 공덕을 쌓기 위해서는 선행에 힘쓰고 악행을 삼가야 한다. 그 결과 자신을 위한 공덕을 쌓겠다는 이기적 욕망이 오히려 이타적 행동을 하게 만드니, 이타적 행동을 통해 이기적 욕망이 충족된 셈이다. 우리는 욕망이 충족될 때 기쁘고, 욕망이 좌절될 때 괴롭다. 결국 타인을 향한 배려가 우리의 이기적 욕망을 충족시켜, 우리로 하여금 진정한 기쁨을 느끼게 한다.

지하철에서 몸이 불편한 사람에게 자리를 양보하면 비록 피곤하더라도 자기가 앉은 것보다 더 즐겁다. 만원 버스에서 발을 밟혔는데 미안하다는 사과를 받지 못해도 용서를 통해 공덕을 쌓았다는 생각에 감사한 마음이 든다. 상대에게 따져서 시비를 가리고 싶지만 그의 허물을 덮어 주는 것도 공덕을 쌓는 일이므로 모르는 척 받아들인다. 어떻게 해서든 이익을 취하고 손해를 보지 않으려 하기보다는 순리대로 일을 받아들이며 마음의 평화를 느낀다. 자신이 가진 것을 아까워하지 않고 베풀며 기뻐한다. 이렇게 매일 주어지는 상황을 공덕을 쌓고 죄과를 짓지 않는 기회로 삼으면 마음이 즐겁고 고통이 물러난다.

이기심이 이타심이 되게 하는 법

전통적으로 불교와 유교가 강했던 한국에서는 인과응보가 개인뿐만 아니라 가족에게도 적용된다고 보기도 했다. 요즘에는 드물지만 과거에는 "자식 키우는 사람이 그러면 안 되지"라는 말을 종종 들었다. 강퍅한 행동으로 당장은 이익을 얻을지 모르지만 나중에 자손에게 안 좋은 일이 있을 거라는 일종의 협박(?)이다. 아무리 이기적인 사람이라고 해도 자식 사랑만은 끔찍해서 이런 협박이 통하던 시절이 오히려 그리울 때도 있다.

기독교에도 인과응보와 유사하면서도 조금 더 은밀한 믿음 장치가 있다. 기독교에서는 하느님이 인간을 심판하므로 인간이 자기 생각대로 선행을 하거나 악행을 한다는 것을 받아들이지 않는다. 선과 악의 판단, 또 그에 따른 구원 혹은 영원한 지옥의 고통은 오직 신만이 결정한다. 그러나 기독교 신자들도 착한 일을 하면 하느님의 사랑을 받고 나쁜 일을 하면 벌을 받는다는 생각을 은연중에 가지고 있는 것 같다. 실제로 성경을 보면 자신의 행위에 따라 결과를 받는다는 가르침이 담겨 있다. 산상수훈에서 예수가 마음이 가난한 사람, 자비로운 사람, 의로움을 추구하는 사람, 온유한 사람이 복을 받고 천국에 간다고 하지 않았는가.

또한 기독교에서는 선행할 때 다른 사람에게 드러내기보다는 보이지 않게 하라고 말한다. 예수는 "너는 구제할 때에 오른손이 하는 것을 왼손이 모르게 하여 네 구제함이 은밀하게 하라. 은밀한 중에 보시는 너의 아버지가 갚으시리라"라고 가르친다(마태복음

6:3-4). 선행을 남모르게 해도 하느님은 다 아시므로 걱정하지 말라는 뜻이다. 오히려 다른 사람들이 알게 하면 이미 그것으로 선행의 보상을 받은 것이므로 하느님의 보상을 기대하지 말라고 한다. 이런 가르침을 따르면 선행을 열심히 하되, 남이 보지 않을 때 더 열심히 해야 한다. 그래야 하느님의 보상을 받을 수 있기 때문이다.

결국 인과응보의 가르침이나 예수의 가르침은 소아에서 비롯되는 인간의 이기심을 정면으로 부정하고 억제하기보다는 오히려 그것을 이용해서 이기심을 넘어서게 만든다! 처음에는 이기심에서 선행을 하고 고통을 감내하지만, 그러는 가운데 '작은 나'에 대한 집착은 줄어들고, '나'의 크기가 점차 커진다. 그뿐만 아니라 나중에 받을 응보나 신의 보상이 아니더라도 지금 여기서 마음이 평화롭고 행복해진다! 처음에는 소아적 이기심으로 출발해도 나중에는 그 자체가 좋아서 실천하게 된다.

삶이 팍팍하고 잘 풀리지 않는다면 오늘 퇴근길

에는 자리 잡을 생각은 아예 내려놓고, 누군가에게 자리를 베푸는 공덕을 짓는다는 생각으로 지하철에서, 버스에서 서서 가는 것은 어떨까.

미움의
악순환을 끊는 법

우리는 습관적으로 자기 자신을 판단하고 평가한다. 또한 그 결과에 따라 스스로를 사랑하거나 존중하기도 하고, 비하하거나 비난하기도 한다. 많은 경우에 자신의 외모, 학벌, 성격, 습관 등을 불만족스러워하거나 스스로를 창피해하고 감추려고 한다. 그 결과, 죄의식이나 자기 비난, 열등감, 무가치감 등으로 자기 자신에게 고통을 준다.

정도의 차도 있고, 겉으로 드러내는지 속으로 누르고 있는지의 차이도 있지만 대부분 스스로에 대한 부정적 평가로 고통을 받는다. 심지어 자기 일에 자부심을 느끼며 스스로 자존감이 높다고 생각하는 사람조차 그렇다. 사실은 일을 통한 성취에서만 자신의 존재감을 확인하는지라, 매 순간 성취를 이루지 못할 것을 염려하며 성공과 성취를 향해 자신을 가혹하게 몰아가는 경우도 적지 않다.

나를 사랑해야 한다: 자기 자비

자신을 부정적으로 판단하고 비난하면 자신을 더욱 열등하고 무가치하게 만드는 악순환의 고리에 얽히고 만다. 따라서 자신을 창피해하거나 비난하기에 앞서, 있는 그대로의 자신을 사랑으로 감싸 주는 태도가 필요하다. 다른 사람의 고통을 어루만져 주기 전에 먼저 자신의 고통을 어루만져 주어야 한다. 야단치고 비난하는 것보다 위로하고 격려하는 것이 부정적인 모습에서 벗어나는 더 확실한 방법이다.

가슴 부위에 가만히 주의를 두면서 따뜻함이 느껴지기를 기다린 다음, 그 따뜻함과 함께 스스로에게 힘이 되는 문장을 반복하는 것도 좋은 방법이다. 혹은 '나는 나를 사랑합니다'라는 문장을 가만히 반복하면서 사랑의 마음이 우러나기를 기다린 다음, 그 마음과 함께 힘이 나는 문장을 반복하는 것도 좋다. 또 이 두 가지를 함께 하는 것도 좋다. 꼭 이런 방법들이 아니더라도 나름대로 자신에게 더 적절한 방법이 있다면 그걸 사용해도 좋다.

마음에 고통이 있을 때는 고통에 깊이 공감하고 위로하는 마음으로 진심을 담아서 위로가 되는 문장을 반복한다. 예를 들면 깊은 공감과 이해의 마음으로 '내가 고통에서 벗어나 행복하기를' 등의 문장을 가만히 원하는 만큼 반복한다. 마음이 괴로운데 억지로 '나는 행복하다'를 반복하며 주입하는 것은 바른 자세가 아니다. 심리학 연구에 따르면, 강제적인 긍정적 확언이 자존감이 낮은 사람에게는 오히려 부정적인 영향을 준다. 그러니 행복을 강제하기보다는 다정한 마음으로 행복을 기원하는 편이 좋다.

사랑은 전염된다: 타인 자비

자기 자신에 대한 사랑으로 마음이 따뜻하고 평화로워지면, 이제는 주변 사람에게도 사랑을 보낼 수 있다. 나 자신에게 사랑을 보낸 다음에는 가까운 사람을 위해 사랑을 보낸다. 먼 사람보다 가까운 사람을 먼저 대상으로 삼는 것은 사랑의 마음을 내기가 더 쉽기 때문이기도 하지만, 가까운 사람과는 더 빈번한 접촉을 하기 때문에 그만큼 효과를 더 크게 경험할 수 있기 때문이다.

가까운 사람에게 사랑을 보내야 하는 중요한 이유가 한 가지 더 있다. 누구보다 더 많은 사랑을 나눌 가까운 사람과의 관계에서 의외로 서로를 아프게 하는 일이 더 많기 때문이다. 우리는 모르는 사람에게 전혀 기대하지 않는 것을 가까운 사람에게는 바란다. 자식이 공부를 잘했으면 좋겠고, 남편이 돈도 잘 벌고 가정적이기를 바란다. 남편은 아내가 이해심 많고 자신을 존중해 주기를 바란다. 모르는 사람이 아니라 바로 같은 직장에서 근무하는 사람들이 자기를 좋아하고 인정하고 존중해 주기를 바란다. 상황이 이렇다 보니 모르는 사람보다 가까운 사람과의 관계에서 욕구가 좌절되는 경험을 더 많이 하게 된다.

그 결과, 누구보다 더 많은 사랑을 나눌 사람이 더 큰 미움과 분노의 대상이 된다. 욕구가 좌절된 사람은 그 원인이 되는 사람에게 분노를 느끼고 그를 미워하게 되기 때문이다. 자식이 자신의 뜻을 따라 주지 않을 때 자식에게 서운해지고 나아가 미운 마음이 든다. 공부 안 해서 밉고, 컴퓨터 게임만 해서 밉고, 자기 멋대로 행동해서 밉다.

만약 '당신은 자녀를 얼마나 사랑합니까?'라고 물으며 점수를 매기라고 하면 당신은 상당히 높은 점수를 줄지도 모른다. 그러나 실제 생활에서 당신은 자녀에게 사랑을 더 많이 보내고 있는가? 아니면 미움을 더 많이 보내고 있는가? 하루에 자식을 향해 사랑하고 격려하고 축원하는 마음, 말, 행동으로 보낸 시간이 더 많은가, 아니면 자식을 향해 미워하고 야단치고 심지어는 '그리해서 네가 뭐가 되겠느냐'고 저주하는 마음, 말, 행동으로 보낸 시간이 더 많은가? 남편이나 아내에 대해서는 어떠한가? 같은 직장에 있는 사람들에 대해서는 어떠한가?

사랑은 사랑을 가져오지만 미움은 미움을 가져온다. 아무리 자녀를 사랑하기 때문이라고 해도 공부하지 않는다고 야단치고 컴퓨터 게임한다고 비난하기만 하면 자녀는 부모에게 사랑을 느끼기 어렵다. 자연히 자녀도 부모에게 사랑을 보이지 못하고 반항하는 행동을 더 많이 하게 될 것이다. 그렇게 되면 부모는 자녀를 더 야단치고 비난하게 된다. 결국 부모 자식의 관계는 미움의 악순환에 빠지고 만다. 부부 관계나 직장 동료 관계도 크게 다르지 않다.

용서는 결국 나를 위한 것이다

끝으로 특히 권하고 싶은 것은 서운하거나 괘씸한 생각이 드는 사람에 대한 용서다. 우리는 누군가가 미울 때, 그 사람이 나에게 무언가 잘못을 했기 때문이라고 생각한다. 하지만 서운함과 미움은 사실 그 사람에게 사랑받고 존중받고 싶었던 나의 속상함이 스스로 만들어낸 것일 때가 많다. 그렇지 않다면 그런 감정을 느끼지 않을 것이다. 그러나 타인의 사랑과 존중은 서운해하거나 미워한다고 해서 얻을 수 없고, 강제로는 더더욱 얻을 수 없다.

미운 마음을 내려놓고 가만히 그 사람을 떠올린다. 그리고 사랑과 자비의 마음을 보낸다. 억지로 그 사람을 사랑하려고 할 필요는 없다. 다만 가만히 그 사람을 떠올리고 그 사람이 행복해하는 모습, 나와 즐겁게 지내는 모습을 떠올린다. 차차 그 사람을 포용하는 너그러움이 내 속에서 솟아날 것이다. 우리가 원하는 건 사랑이지 미움이 아니다. 이런 식으로 사랑과 자비를 보내는 대상을 점점 넓히다 보면 인간뿐 아니라 세상의 모든 생명을 대상으로 사랑과 자비를 보내는 데 이르게 될 것이다.

다정함이 우리를
구원한다

오늘도 귀갓길에 아파트 옆 작은 수풀로 향한다. "츳 츳츳츳…". 혀로 입천장을 차며 소리를 내 본다. 밤이 라 캄캄해 잘 보이지 않지만, 부스럭하며 약간 큰 노 란 고양이와 까만 턱시도를 입은 작은 고양이가 나타 난다. 노란 고양이는 앞다리를 쭉 뻗으며 스트레칭하 는 것이 자다가 깬 것 같다. 까만 새끼 고양이는 "애애 ~" 하며 귀여운 소리까지 낸다. 고양이를 키워 본 사 람은 잘 알 것이다. 고양이가 '야옹' 소리만 내는 것이 아니라 매우 다양한 소리를 낸다는 것을. 심지어 우리 집 고양이는 아내에게 "엄마!" 하며 끝을 올리는 소리를 내기도 한다. 정말이다.

갑자기 '오늘 온종일 태풍으로 강한 바람이 불었고 비까지 내린 끝이라 먹을 것을 먹지 못했나?' 하는 생각이 스친다. 얼른 집으로 들어가 아내에게 물어보니 오늘은 먹이를 주지 않았다고 한다. 아내와 함께 먹이를 조금 챙겨 다시 내려온다. 플라스틱 그릇 세 개에 먹이를 나눠 준다. 어디선지 가장 경계심 강한 잿빛 고양이도 나타난다.

고양이들은 영역본능이 있기에 자연에서 여러 마리가 같이 사는 경우는 흔치 않을 텐데, 이 세 마리 고양이는 우리 아파트 옆 풀숲 근처를 영역으로 해서 함께 살고 있다. 처음에는 인간으로 치면 사춘기 정도에 들어선 듯한 중간 크기의 노란 고양이와 잿빛 고양이 두 마리가 와서 살았는데, 얼마 전부터 먹이를 줄 때 어디선가 새끼 턱시도 고양이가 나타났다. 조금 큰 고양이들이 받아들여 주었는지 이제는 함께 산다. 특히 노란 고양이는 새끼 고양이를 보살피는 모습이 역력하다. 먹이 주러 가거나 그냥 보러 갈 때, 때로 새끼 고양이가 귀여운 소리를 내며 풀숲 밖으로 사람 가까이 깡충거리며 나오기도 한다. 그러면 노란 고양이가 마치 야단을 치듯이 앞발로 새끼 고양이의 머리를 타다닥 연타로 때리며 경계를 시키는데, 그 모습이 정말 유튜브 감이다!

어둠 속에서 고양이 세 마리가 쭈그리고 앉아 먹이를 먹는 모습을 보니 문득 가여운 생각이 든다. '먹어야 하는구나!' '먹어야 사는구나!' 먹지 못하면 고통스러울 것이다. 먹지 못하면 살지 못할 것이다. 인간도 그러하지 않은가. 혼자 음식을 먹는 뒷모습은 성스럽게 보일 수도 있겠지만 대체로 슬픈 느낌을 준다. 먹지 못하면 괴롭고 결국 죽는 것은 엄연한 실존적 현실이다. 어디 그뿐인가. 사랑하는 사람과 떨어져야 하고, 싫은 사람과 함께 지내야 하고, 하기 싫은 일도 해야 하고, 병에 걸려 고통받고, 늙어서 아름다움과 기운도 잃고, '개똥밭에 굴러도 이승'이라는 이 세상도 언젠가는 떠나야 하지 않는가.

모두가 힘이 드는 세상

뉴스를 보기가 겁이 날 정도로 연일 흉포한 사건들이 보도된다. 성적 욕구 등 자신의 욕구에 눈이 멀어 살인을 하고 심지어 특정한 목적도 없이 '묻지 마' 살인까지 한다. 아이들의 교실에서도 왕따와 크고 작은 폭력이 만연하고, 꽃다운 나이에 세상을 등지는 안타까운 자살 소식이 끊이지 않는다. 성인들은 만성 스트레스 때문에 몸과 마음에 여러 질병을 달고 산다. 자살률은 2021년을 기준으로 OECD 국가 중 1위를 차지했고 심지어 그 수치는 OECD 회원국 평균 자살률의 두 배가 넘었다. 이혼율은 평가 방식에 따라 조금씩 달라지겠지만 10년, 20년 전과 비교하면 크게 증가했다.

예전에는 잠수함에 산소를 측정하는 기계 장치가 제대로 구비되지 않아서, 산소를 공급하기 위해 언제 물 위로 올라와야 하는지를 판단하는 것이 중요했다. 그래서 잠수함에 토끼를 태웠다고 한다. 산소가 부족해지면 사람보다 먼저 토끼가 호흡 곤란으로 죽는

데 그때 산소 공급을 위해 물 위로 올라왔던 것이다. 지금 우리 사회 도처에서 토끼가 죽어 간다. 나름대로 대책 마련에 고심하는 것처럼 보이기도 한다. 사형제도 집행을 되살려야 한다는 둥, 화학적 거세를 해야 한다는 둥 여러 의견이 나오고, 상담 전문 교사를 확충한다거나 이혼숙려기간제를 도입해야 한다는 등 여러 방안이 나오고 있다.

그러나 근본 원인은, 갈수록 극으로 치닫는 현대 사회의 경쟁 구조가 아닐까. 아무리 무한경쟁 시대이고 경쟁에서 이기지 못하면 살아남지 못한다고 해도, 요즘만큼 '만인의 만인에 대한 투쟁'이 심각한 적이 또 있었을까? 지나친 경쟁으로 다른 사람들에게 적의를 품을 뿐 아니라 자기 자신도 경쟁에서 이겨야 한다며 채찍질로 다그친다. 이런 상황에서 우리가 평화와 행복을 경험할 가능성은 매우 낮다. 마음이 점점 피폐해져 간다.

사회구조를 개선하려는 노력도 꾸준히 해야겠지만, 치열한 경쟁 구조가 일순간에 변하지는 않을 것이다. 그렇다고 사회구조가 변할 때까지 기다리기에는 사정이 매우 절박하다. 그래서 먼저 스스로 자신을 돌봐야 한다. 무엇보다 필요한 일은 드센 경쟁 구조 속에서 생활하느라 우리 마음속에서 바짝바짝 말라 가는 자비의 씨를 살려내는 것이다.

모두 슬프다, 그래서 사랑한다

자비에서 '자慈'는 사랑을 뜻하지만 '비悲'는 슬퍼함을 뜻한다. 어찌 보면 모순되게 보이는 의미가 한 단어 속에 들어 있는 이유는, 진정한 사랑은 진정한 슬픔을 내포하고 진정한 슬픔은 진정한 사랑을 수반하기 때문이다.

생명이 있는 모든 것은 실존적 고통을 피할 수 없어서 슬프다. 슬프기 때문에 우리는 서로를 더 사랑할 수 있다. 실존적 고통을 있는 그대로 들여다볼 때, 나나 나 아닌 존재 모두 실존적으로 불가피한 고통을 애서 피하며 평화와 행복을 바라고 있음을 깊이 헤아릴 때, 마음속에서 자신을 포함한 모든 존재에게 연민과 사랑이 함께 녹아 있는 자비가 피어난다.

자신을 포함한 살아 있는 모든 것을 진정으로 사랑한다면, 모든 존재의 실존적 현실에 진정한 슬픔을 느낄 수밖에 없을 것이다. 또한 모든 존재의 실존적 현실에 진정한 슬픔을 느낀다면, 모든 존재를 진정 사랑할 수밖에 없을 것이다. 이렇게 진정한 사랑은 살아 있는 것들에 대한 슬픔을 담고 있고, 진정한 슬픔은 살아 있는 것들에 대한 사랑을 담고 있다.

살아 있는 사람은 누구나 살기 위해 먹어야 한다. 모든 사람은 고통 없이 행복하기만을 바라지만, 그럼에도 노부모를 걱정하고 자식 일로 애를 태운다. 집단 속에서 하고 싶지 않은 일도 해야 하고, 크고 작은 일로 번민하기도 한다. 외모와 학벌 때문에 열등감도 느끼고, 돈 걱정도 끊이지 않는다. 몸이 아파 고통을 겪기도 한다. 또한 언젠가는 어쩔 수 없이 늙을 것이고 죽음을 맞아 이 지구에서 사라질 수밖에 없다. 이것은 누구에게나 적용된다. 내가 미워하는 사람도 마찬가지고 잘난 체하는 사람도 예외가 아니다. 이와 같이 인간이 갖는 실존적 고통에 대해 깊이 숙고하면 지하철에서 잠시 스치는 사람도 따뜻한 눈으로 바라보게 된다. 또한 불구대천의 원수가 아니라면 설사 미운 사람에게라도 연민의 마음이 올라오며, 이러한 연민의 마음이 상대를 향한 사랑의 마음을 일으킨다.

자신을 포함한 주변 사람들, 나아가 모든 생명이 있는 존재가 모두 고통에서 벗어나 행복하기를 바라며 건강과 평화를 기원하다 보면, 무엇보다 먼저 자신의 마음에 사랑과 자비가 충만해져서 평화와 행복을 경험하게 된다. 또한 사람들에게 좀 더 친절한 얼굴, 말, 행동을 보이게 되니 우리 사회도 그만큼 따뜻하고 평화로워질 것이다.

항복이
행복이다

스트레스 관리와 마음의 평화를 위해 명상을 하는 인구가 많이 늘었다. 욕구와 생각을 내려놓고 마음을 고요히 하는 명상은 마음을 닦는 훌륭한 수행이다. 하지만 명상을 할 때만 마음이 편안하고, 일을 하거나 사람들과 상호작용하는 일상생활 속에서는 삶의 변화가 거의 없다면 그것은 수행이라기보다는 취미 생활이라 해야 할 것이다.

　시간을 내서 보름이고 한 달이고 한적한 장소에 가서 집중 수행을 하여 신비한 체험을 하거나 마음의 평화와 행복을 경험하는 것은 좋은 일이다. 그러나 집으로 돌아와서 가족과 부딪히고 직장에서 스트레스를 받으며 다시 수행에만 전념할 수 있는 곳으로 돌아가기만을 고대하고 있다면, 그 수행은 여름휴가로 멋진 바다가 있는 해외로 여행을 다녀오는 것과 무엇이 다르겠는가.

수행은 매일매일의 구체적인 삶과 함께 이루어져야 한다. 자신의 일에서, 매일 눈 뜨면 만나는 가족과의 일상생활에서, 직장 동료와의 상호작용에서, 엘리베이터에서 마주치는 사람과의 인사에서, 커피 전문점 종업원과의 몇 마디 대화에서, 먹고 마시고 이 닦고 걷는 일상의 행위에서 수행이 이루어져야 한다.

그런 점에서 명상 수행 중에서는 행위 명상이 추천할 만하다. 행위 명상은 일상의 반복적인 행위, 즉 요리하기, 먹기, 설거지하기, 이 닦기, 청소하기, 걷기, 화장하기, 샤워하기 등을 행하며 욕구와 생각을 내려놓는 명상이다. 호흡 명상처럼 따로 시간을 내지 않아도 일상생활 중에 평화와 접속하며 욕구와 생각을 쉬게 하는 능력을 기를 수 있다는 점에서 훌륭하다. 다만, 욕구를 느끼거나 무언가에 대해 골똘히 생각하는 중에는 명상할 수 없다는 단점이 있다.

한편 마음챙김 수행은 혼자 있을 때뿐만 아니라, 사람들과 상호작용하는 일상생활을 하면서도 수행할 수 있다는 장점을 갖는다. 마음챙김은 제삼자의 눈으로 자신과 거리를 두고, 자신의 몸과 마음에서 일어나는 욕구, 생각, 감정, 감각, 행동 등을 있는 그대로 바라보는 것이다. 이를 통해 우리는 평상시에도 자기 자신과 삶에 대해 깊이 통찰할 수 있고, 그 결과 행복도 증진된다.

그러나 마음챙김 수행의 초기에는 마음챙김의 힘이나 기술이 충분하지 못해서, 마음과 떨어져 보지 못하고 그 속으로 딸려 들어가게 되므로 객관적으로 바라보는 것이 쉽지 않다. 특히 짜증, 화, 불안, 우울 등 부정적인 정서가 강하게 올라올 때는 조건화된 반응들이 연쇄적으로 나타나서 마음챙김을 적용하는 것이 어렵다. 이럴 때는 '항복'과 함께 마음챙김을 하는 것이 도움이 된다.

항복한다는 것은 주어진 상황을 받아들이는 것이다. 특히 내 뜻대로 돌아가지 않는 상황에 저항하지 않고 허용하고 받아들이는 것이다. 항복할 때만큼은 모든 일이 나의 욕구대로 되어야 한다는 마음을 내려놓는다. 나의 기준만으로 세상을 판단하는 마음을 내려놓는다. 이렇게 보면 항복한다는 것이 마음챙김과 다른 것이 아니다. 마음챙김은 욕구와 생각을 내려놓고 나 자신을 바라보는 것이다. 욕구와 생각을 내려놓는다는 것에 항복이 포함되어 있다. 그런데 왜 굳이 '항복'이라는 말을 되새겨야 하는가? 그 말을 사용하면 상황을 받아들이지 않고 저항하는 에고ego(작은 나)의 존재가 좀 더 분명해지기 때문이다. 결국 항복한다는 것은 에고의 항복을 의미한다. 내 뜻대로 내 욕구대로 하려는 마음이 항복하는 것이다.

항복한다는 것은 나를 내려놓는 것이고, 나의 뜻을 거스르는 상황에 대해서도 '그럴 수도 있지' 혹은 '그래도 돼'라고 말하는 것이며, 내키지 않지만 해야 하는 상황에서 '예'라고 말하는 것이다. 항복은 억지로 마지못해서가 아니고 기꺼이 하는 것이다. 수행의 동기가 갖춰진 사람들은 에고로부터 자유롭고자 하는 동기가 강하기 때문에 기꺼이 에고의 항복을 받아 내려고 한다. 그러므로 내 뜻대로 되지 않는 상황에서도 부정적 반응의 연쇄에 빠지지 않고 마음챙김을 유지할 수 있다.

주어진 상황에 내가 항복하는 것이 곧 에고를 항복시키는 것이다. 그래서 항복에는 수행의 동기가 충족되는 은근한 즐거움이 있고, 이것이 수행을 지속시키는 힘이 되어 준다. 수행의 동기 역시 에고의 작용이라고 볼 수 있지만, 궁극적으로 수행의 동기는 에고를 약화시키고 그로부터 자유롭게 해 준다. 오랑캐로 오랑캐를 다스리는 이이제이以夷制夷의 방법이고 열로 열을 다스리는 이열치열以熱治熱의 방법이다.

이와 같이 항복과 함께 마음챙김을 수행하면, 에고를 항복시키려는 수행 동기의 도움을 받아 일상생활에서 수시로 올라오는 에고의 실체를 좀 더 객관적으로 볼 수 있게 되고, 에고로부터 자유로워지기가 더 쉬워진다. 직장 후배가 나의 인사를 받지 않고 지나갈 때 항복한다. 화가 나든 침울해지든 부정적 정서에 휩싸인다면 그 순간 에고가 올라온 것이다. 그 상황에 항복한다. 내가 인사하면 상대방은 반드시 내 인사를 받아야 한다는 생각, 즉 에고의 항복을 받는다. '그럴 수도 있지', '내가 인사했을 때 반드시 내 인사를 받지 않아도 돼'라고 받아들인다. 이러한 과정 전체를 마음챙김한다. '직장 후배가 나의 인사를 받지 않고 지나가서 마음에 화가 나타났구나' 혹은 '직장 후배가 나의 인사를 받지 않고 지나가서 마음에 침울함이 나타났구나'라고 마음을 있는 그대로 본다. 그뿐이다. 더 이상의 전투를 벌이지 않고 항복할 때 화든 침울함이든 에너지를 공급받지 못하고 사라진다. 감정이 나의 의식 공간 내에 일어나고 사라지는 구름임을 알게 된다.

남편이 양말을 또 뒤집어 벗어 놓은 것을 보았을 때 항복한다. 짜증이 확 올라오는 순간 바로 그때 에고가 올라왔음을 마음챙김하고 그 상황에 항복한다. '그래도 돼', '양말은 뒤집어 벗어 놓을 수도 있지'라고 받아들인다. 그것이 바로 에고의 항복을 받는 것이다. 양말은 바로 벗어 놓아야 한다는 생각은 하나의 생각일 뿐이지만 그 생각을 나, 즉 에고와 동일시하기 때문에 남편이 양말을 뒤집어 벗어 놓으면 에고가 발동을 하는 것이다.

도로에서 깜빡이도 켜지 않고 끼어드는 차를 만날 때 항복한다. 화가 나고 비난을 할 때 바로 그때 에고가 올라왔음을 마음챙김하고 곧바로 에고의 항복을 받는다. 속으로 혹은 주변에 아무도 없다면 밖으로 소리 내서 '항복'이라고 소리쳐도 좋다. '그럴 수도 있다', '도로에서 깜빡이를 켜지 않고 끼어들 수도 있다'라고 받아들인다. 항복과 마음챙김을 못 하고 내키는 대로 화를 내고 비난을 한다면 '나'라고 하는 존재감이 매우 분명해지고 이 과정에서 에고는 더욱 강화된다.

내가 인사하면 상대방은 반드시 내 인사를 받아

야 한다는 생각에 '나'가 어디 있는가? 양말은 항상 바로 벗어 놓아야 한다는 생각에 '나'가 어디 있는가? 도로에서 깜빡이를 켜지 않고 끼어들어서는 안 된다는 생각에 '나'가 어디 있는가? 단지 생각일 뿐이다. 그런데 우리는 그 생각을 '나'와 동일시한다. 그래서 우리 마음속에서는 수많은 생각에 '나'가 붙어 있다. 그러나 마음챙김해서 보면 생각은 단지 생각일 뿐이다. 그러니 그러한 '나'는 '참나'라 할 수 없는데 '나'의 역할을 하니 에고라고 부르는 것이다. 수행이란 에고의 항복을 받는 것이다. 에고를 조복調伏받는 것이다. 에고가 결코 참나가 아님을 알고 그것의 항복을 받는 것이다. 사실 항복한다는 것은 내가 항복하고 내가 항복받는 것이다. 즉 에고로서의 내가 참나로서의 나에게 항복하는 것이다. 오히려 항복을 하지 않는 것이야말로 에고에 굴복하고 사는 것과 같다.

항복에는 자기 멋대로 오만하게 살다가 드디어 더는 어쩔 수 없어서 처절하게 절대자에게 항복한다는 식의 드라마틱한 항복만이 있는 것은 아니다. 어느 한순간의 항복으로 그 전과 그 후가 180도 달라지는 그런 항복도 있지만 이는 드문 일이다. 항복과 함께 마음챙김하는 수행은 일상생활에서 작은 일들에서부터 조금씩 꾸준히 에고의 항복을 실천하는 수행이다.

열 개의 회초리를 한 번에 꺾을 수는 없지만 하나씩 꺾으면 모두 꺾을 수 있다. 우리 마음 안에는 수많은 에고가 있다. 이래야 한다 저래야 한다, 이러고 싶다 저러고 싶다 등등 수많은 에고가 마음에 자리 잡고 있다가 상황에 맞춰 출몰한다. 그러나 수행의 동기를 가지고 올라오는 에고마다 하나씩 항복받으며 마음챙김하는 것은 열 개의 회초리를 하나씩 꺾는 일과 같다. 그리고 거기엔 수행의 즐거움이 담겨 있기도 하다. 다만 머무른 바 없이 마음을 낼 뿐이다 應無所住而生其心.

후회 없는 마지막을
맞이하려면

설 전날 아버지가 돌아가셨다. 돌아가시는 순간 아버지 곁에 함께 있었다. 아버지는 마지막 숨을 들이쉬고는 더 이상 호흡을 못 하셨다. 사람의 삶이 한 호흡 사이에 있다는 말 그대로였다. 순간 너무 황망했지만 평소에 마음으로 준비하고 있던 대로 <천수경>을 독송해 드렸다. 자꾸 목이 메고 눈물이 흘렀지만, 듣고 계신다는 생각에 끝까지 독송할 수 있었다. 마음 불편해하실 수 있다는 생각에 붙잡고 흔들거나 크게 울지 않았고, 다만 잘 사셨다는 말씀, 잘 키워 주셔서 감사하다는 말씀, 잘 살겠다는 다짐만을 흐르는 눈물과 함께 반복해서 드렸다.

어떻게 죽음을 맞이할 것인가

항간에 '구구팔팔이삼사'라는 말이 유행한다. 99세까지 팔팔하게 살다가 2~3일 앓고 죽는다死는 뜻으로 현대인의 삶과 죽음에 대한 소망을 잘 나타내고 있다. 99세까지는 모르겠으나 실제로 80세 이상의 나이까지 건강하게 살다가 자면서 편안하게 죽음을 맞이하는 경우도 있고, 자연스럽게 곡기穀氣가 끊어지면서 죽음을 맞이하는 경우도 있다. 흔히 볼 수 있는 일은 아니다. 의학 발달로 수명은 놀랄 정도로 증가했지만, 그와 함께 삶의 질도 높아졌다고 말하기는 어렵다. 오히려 어떤 측면에서는 삶의 연장과 함께 고통도 늘어난 것이 아닌가 생각되기도 한다. 특히 더 이상 회복을 예상할 수 없는 경우에도 치료를 계속하는 경우에는 의술이 사람을 살리는 것이 아니라 단지 죽지 못하게 하는 것일 수도 있다. 생명이 연장된 시간만큼 의미 있는 삶도 연장된다면 모르지만 대개는 고통이 연장될 뿐이다. 환자의 고통뿐만 아니라 곁에서 지켜봐야 하는 가족의 고통도 함께 연장된다. 그 사이에 치료비 부담까지 겹친다면 고통은 환자의 죽음으로 끝나는 것이 아니라 이후에 남겨진 가족이 넘겨 받게 될 수도 있다.

아버지는 돌아가시기 전에 1년 넘게 신장 투석을 받으셨다. 마지막 한 달 정도는 거의 의식이 없으셨다. 코에는 식사를 위한 줄이, 입에는 기관지를 통해 폐 속 가래를 뽑아낼 수 있도록 관이 깊게 들어가 있었다. 몸에 꽂힌 주삿바늘로는 항생제, 혈압강하제 등 여러 약물이 투여되고 있었고, 몸 이곳저곳에 심박동, 혈압, 산소포화도 등을 측정하는 센서들이 부착되어 있었다. 지금 돌아보면 의식이 거의 없고 회복될 수 없어 보였을 때 약물 투여 등 처치도 중단하고 줄, 관, 주삿바늘, 센서와 같은 부착물을 모두 떼고서 편하게 보내 드려야 하지 않았나 하는 생각이 들지만, 과연 누가 그런 결정을 할 수 있었겠는가.

‘개똥밭에 굴러도 이승이 낫다’라는 속담처럼 삶은 되도록 길게 유지하고 죽음은 가능한 한 피할수록 좋다는 생각이 사람들의 마음에 있는 한, 연명치료는 중단되기 어려울 것이다. 연명치료가 시작된 이후, 치료를 중단하는 행위가 일종의 살인으로 인식되는 현재의 사회문화 및 제도 속에서 쉽게 치료를 그만둘 수도 없다. 환자와 가족, 의료진은 이러지도 못하고 저러지도 못하는 딜레마 상태에 있다. 사회문화적으로 삶과 죽음에 대한 가치관이나 철학이 새롭게 정립되지 않으면 딜레마 상황에서 벗어나기 어려울 것이다.

삶과 죽음에 대한 인식은 죽음을 받아들이는 자세에도 영향을 준다. 중세의 기독교 사제들은 중병에 걸리면 치료를 받지 않았다고 한다. 치료를 받는다는 것이 현재의 세상보다 더 좋은 하늘나라로 오라는 하느님의 부름을 따르지 않는 불경스러운 행동이라고 생각했기 때문이다. 중국 사상가 장자는 아내가 죽었을 때 물동이를 두드리며 노래를 불렀다고 한다. 친구가 의아해하며 이유를 묻자, 장자는 춘하추동 계절의 순환처럼 사람도 자연의 한 부분으로 변화 속에 있으니, 아내는 자연 속으로 돌아가 편히 쉬고 있다고 답했다 한다.

우리는 죽음을 둘러싼 사회의 인식 변화만 마냥 기다릴 것이 아니라 스스로 삶과 죽음에 대한 가치관을 정립할 필요가 있다. 이와 함께 자유롭게 의사를 표현할 수 있을 때 불필요한 치료를 받지 않도록 미리 '사전연명의료의향서'를 작성해 두면, 자신의 치료를 스스로 결정하여 가족이 의료 관련 결정을 내리는 부담을 줄이고 본인과 가족 모두 죽음을 조금 더 편하고 의연하게 받아들이도록 할 수 있다. 아울러 평소에 건강한 삶을 살도록 노력해서 좋은 죽음을 맞이하도록 준비해야 한다.

마음뿐만 아니라 몸도 중요하다

부모님께서 살아계셨을 때 두 분을 모시고 백화점에 간 일이 떠오른다. 부모님과 함께 백화점 식당에서 식사한 후, 아내와 어머니는 잠시 쇼핑을 가고 나와 아들은 아버지와 함께 카페에 갔다. 아들은 아이스크림을 먹고 나와 아버지는 커피를 시켜 마시고 있었다. 아버지께 좀 더 재미있고 건강하게 사시라는 의미로, "뭐 배워 보고 싶지 않으세요?"라고 물었다. 아버지는 고개를 가로저으셨다. 내가 "그래도 뭔가 재미있는 일을 하면 건강에도 좋잖아요"라고 재차 권하자, 아버지는 "공상하지 않으면 오래 살아"라고 말씀하셨다.

'아버지가 이런 말씀을 하시다니!' 순간 동공이 커지고 귀가 번쩍 뜨였다. 당시 내가 얻은 통찰인 '생각을 쏙 빼면 마음의 평화를 경험한다'와 일치하는 말씀을 하셨기 때문이다. 아울러 상담심리학의 원로인 윤호균 교수께서 평소에 심리 장애의 원인으로 '공상'을 지목하던 것도 떠올랐다. 아버지는 공상하지 않고 잠 잘 자면 건강하다고 말씀하셨다. 사업하던 시절에도 이런저런 생각을 많이 해서 당신을 스트레스받게 하지는 않았다고 하셨다. 말이 쉽지 생각을 끊는다는 것이 쉬운 일은 아니지 않은가. 그래서 어떻게 그런 생각을 하게 되셨는지, 어떻게 생각을 끊는지 등을 여쭤봤지만, "그냥 안 하지"라는 말씀 외에 시원한 대답을 듣지는 못했다. 사실 나에게 물어봤어도 그랬을 것이다. 그게 어디 말로 쉽게 설명이 되는가. 자전거 잘 타는 사람에게 물어보라. 자전거 어떻게 그렇게 잘 타느냐고. 그냥 핸들 잡고 페달 굴리면 된다는 말밖에 더 돌아오겠는가.

그러나 지금 와서 돌아보면 아쉬운 점이 있다. 아버지는 친구분들과 만나서 약주 드시는 것은 좋아하되 운동은 별로 하지 않으셨다. 비록 공상하지 않으면 마음이 평화로워지고 오래 사는 것은 사실이지만, 약주를 줄이고 재미있는 것도 배우고 운동도 함께 했다면 더 좋았겠다는 생각이 든다. 아무리 좋은 방법이라고 해도 그것 하나만으로는 부족하며 다른 것과 함께 조화를 이루는 것이 중요하다.

내가
틀릴 수도 있다

지난 일요일, 아내와 대화하다가 깜짝 놀랐다. 세상에 아내가 100원짜리 동전에 누가 새겨진 줄을 모르고 있는 것이 아닌가. 이렇게 당연하고 쉬운 것도 모르다니! 상식 중의 상식인 이런 것도 모르는 아내가 신기하기까지 했다.

아내에게 한마디 했다.

"당신, 평소에 좀 무신경한 줄은 알았지만 매일 사용하는 동전에 누가 새겨져 있는지도 모르다니 좀 심한 것 아니야? 길 가는 사람 막고 물어봐. 열에 아홉은 다 알 거야. 당신 같은 사람은 아주 드물걸."

그런데 아내는 퍽 억울한 표정이었다.

"누가 동전 사용하는데 일일이 누가 새겨졌는지 보면서 사용해? 100원짜리 동전에 누가 새겨져 있는지 아는 당신이 더 이상하지!"

이렇게 해서 우리 부부의 100원짜리 동전에 관한 질문 순례가 시작됐다. 동네 식당에서 식사를 마치고 나오며 주인아주머니에게 물었다.

"100원짜리 동전에 누가 새겨진 줄 아세요?"

금방 나와야 할 답이 금방 나오지 않는다.

주인아주머니는 조금 머뭇거리다가 말했다.

"새가 날아가는 거 아닌가요?"

기가 막힌 내가 답했다.

"그건 500원짜리지요."

세상에 '누가' 새겨졌느냐고 했는데 '새' 얘기를 하다니…. 아내의 얼굴에 득의만만한 미소가 번졌고 나는 "허, 세상에!" 하며 공허한 웃음을 날릴 수밖에 없었다.

세탁소에서 옷을 찾으며 주인아저씨에게도 같은 질문을 던졌다.

아저씨는 어색한 웃음을 지으며 자신 없이 대답한다.

"글쎄요. 세종대왕인가요?"

"그건 만 원짜리죠."

내가 100원짜리 동전을 보여 주면서 물어도

"이 양반이 누구래?"

한다.

"이순신 장군이잖아요."

내가 씩씩거리며 대꾸를 하는데

"글쎄요. 장군복을 입고 있지 않아서…."

라고 아저씨는 말끝을 흐린다.

아내는 그것 보라며 기세등등해졌고 나는 당황스러워졌다.

세탁소 옆 문방구에 들러 연필을 사며 같은 질문을 했다. 주인 부부가 계셨는데 두 분 모두 100원짜리 동전에 누가 새겨진 줄을 몰랐다.

자신만만해진 아내는 확인사살이라도 하듯이 집으로 가는 길에 휴대전화로 여기저기 통화까지 하며 나의 상식이 비상식임을 확인해 주었다. 여섯 사람에게 물어본 결과, 두 명은 알고 네 명은 몰랐다. 어쨌든 분명해진 것은 100원짜리 동전에 새겨진 인물이 이순신 장군이라는 것은 사실이기는 하지만 상식은 아니라는 것이었다.

세상에 정답은 없다

평소에 똑같은 사물이나 사건도 바라보는 사람에 따라 다르게 볼 수밖에 없다며 관점 차이를 존중해야 한다고, 특히 현대 사회처럼 다양한 가치관과 이해관계가 공존하는 시대에는 자신의 의견을 절대화해서는 안 되고, 다원적으로 생각할 줄 알아야 한다고 누구보다 강조하던 나 자신이 무색해졌다. 적어도 내가 상식이라고 알던 것 가운데 상당 부분이 그렇지 않을 수도 있다는 점을 받아들여야 할 것 같다.

살면서 자신에게 자명한 것들이 사실은 그렇지

않을 수 있음을 깨닫게 되는 때가 있는데 이런 순간 들이 내게는 참 소중하다.

대학에서 강의하다 보면 강의 시간에 이런저런 일로 결석하는 학생들이 있기 마련이다. 다른 결석은 다 그러려니 했는데 자신이 발표를 맡은 시간에 빠지는 것은 이해할 수 없었다. 다른 때는 몰라도 자신이 발표를 맡은 날에는 수업에 늦지 않도록 어느 때보다도 긴장하고 준비해야 할 뿐 아니라, 겹치는 일이 생겨도 웬만하면 수업을 우선해야 하는 것 아닌가. 이는 너무도 당연한 일이라서 다른 가능성은 생각조차 해보지 않았다.

언젠가도 한 학생이 발표하는 날 수업에 나오지 않은 일이 있었다. 나는 역시 그 학생을 용납할 수 없었다. 그런데 나중에 알고 보니 그 학생은 발표불안으로 힘들어하고 있었다. 그 때문에 평소에는 성실하게 출석하더라도 자신이 발표를 맡은 날에는 도저히 나올 수 없었던 것이다. 이 사실을 알게 된 후에 나는 학생들을 좀 더 폭넓게 이해하게 되었다.

내가 틀릴 수도 있습니다

자신에게는 너무도 자명해서 상식이라고 생각되는 것들이 상식이 아닐 수 있음을 깊이 깨닫는 것이 중요하다. 언젠가 유럽의 언론에 실린 마호메트 풍자 만화 때문에 이슬람 국가 곳곳에서 성난 시위가 일어나 유혈사태까지 간 일이 있었다. 이것은 서방세계 사람들과 이슬람 세계 사람들이 생각하는 상식이 서로 달라서 일어난 일로 보인다. 한 사람 혹은 한 집단에서는 너무 당연해서 상식처럼 생각되는 것도 다른 사람 혹은 다른 집단에서는 그렇지 않다는 것을 받아들이는 건 더불어 사이좋게 살아가는 데 꼭 필요한 태도다. 자신의 생각에서 한발 물러서서 세상을 바라보고 생각할 수 있으면 좋겠다.

언젠가 친구가 한 스승님에게 배웠다는 말을 인용하며 글을 마친다.

"내가 옳다는 생각을 내려놓겠습니다."

당신의
마음이라는 세계

질문자: 마음이 머리에 있나요? 아니면 가슴에 있
       나요?

나: 선생님은 어디에 있다고 생각하세요?

질문자: 머리?

나: 마음이 왜 꼭 머리 아니면 가슴에 있다고
       생각하나요?

질문자: …….

나: 선생님 차 가지고 계세요?

질문자: 예.

나: 새 차를 뽑았는데 누군가 못으로 긁어 놓

는다면 마음이 어떻겠습니까?

질문자: 실제로 그런 일이 있었어요. 내 몸이 긁힌 것처럼 마음이 아팠지요.

나: 차가 나입니까? 내 몸이 아니라 차가 긁혔는데 왜 내가 괴로운가요?

마음챙김 수행과 관련한 외부강의에서 한 청강자와 나누었던 대화의 일부다. 일반적으로 우리는 마음이 뇌나 가슴에 있다고 생각한다. 그러나 마음이 뇌나 가슴에만 있다면 설명할 수 없는 현상들이 많다. 우리는 뇌나 가슴이 아닌 몸 전체에서 감각을 느낄 수 있다. 내 몸이 아니지만 내 아들딸이 아프면 내 몸이 아픈 것보다 더 아프고, 내 아들딸이 잘되면 내가 잘된 것처럼 기쁘다. 심지어 내가 소유하고 있는 차,

명품 가방, 집 같은 무정물에게도 감정을 느낀다. 더 나아가 구체적 형태를 갖지 않는 국가에도 감정을 느껴서, 올림픽에서 우리나라 선수의 경기를 관전하며 뛸 듯이 기뻐하기도 하고 매우 아쉬워하기도 하며, 어떤 이는 국가를 위해 목숨을 내놓기도 한다. 또한 전혀 현실이 아닌 드라마나 영화를 보면서도 우리는 깊은 정서를 경험하기도 한다.

우리는 자신과 별도로 외부 세계가 존재하며, 우리가 뇌를 통해 외부 세계를 표상한다고 생각한다. 이렇게 보면 우리가 경험하는 세계는 모두 뇌 안의 사건이다. 욕구, 생각, 감정, 감각 등이 모두 뇌 안의 전기화학적 사건이다. 참으로 불가사의한 일이다. 어찌해서 이러한 뇌 안의 전기화학적 사건이 빨간 장미로 보이고, 모차르트의 음악으로 들리고, 박하 향으로 느껴지고, 달콤한 비스킷의 맛으로 느껴지고, 매끄러운 실크로 느껴지는지 경이로울 뿐이다. 어떻게 해서 뇌 안의 전기화학적 사건이 불안이나 기쁨으로 경험되고, 성공의 욕구로 경험되며, 옳고 그름의 판단으로 경험되는지 참으로 알 수 없는 노릇이다.

　그렇다면 우리가 경험하는 세계는 외부 세계를 제대로 표상하는가? 현미경으로 들여다보는 세계는 우리가 눈으로 경험하는 세계와는 매우 다르다. 물질은 더 이상 단단하지 않다. 물질을 이루는 기본 단위인 원자 자체가 엄청나게 큰 빈 공간을 사이에 둔 원자핵과 전자로 구성되며, 원자와 전자도 더 이상 우리가 이해하는 알갱이로서의 물질이라고 할 수 없다. 이렇게 보면 모든 물질은 거대한 빈 공간으로 이루어져 있다고 말할 수 있다.

또한 우리의 눈과 뇌로 이루어진 시각기관이 없다면 색은 존재하지 않는다. 동해에서 펼쳐지는 해오름의 장엄하고 황홀한 모습도 내가 '만든' 것이며, 단풍으로 물든 설악산의 아름다움도 내가 '만든' 것이다. 나의 감각기관이 없다면 색, 소리, 냄새, 맛, 접촉은 존재하지 않는다. 요컨대 우리의 감각기관을 통하지 않고서는 독립적으로 존재하는 외부 세계의 '참모습'을 말할 수 없다. 달리 말하면 인식과 독립적인 존재의 '참모습'은 없다. 세계의 존재와 세계에 대한 인식은 나눌 수 없다. 존재와 인식은 둘이 아니다ㅈㄷ.

이 모든 세계가 나의 뇌가 만들어 낸 것이다. 무한한 우주 속에 티끌보다 작은 뇌가 있고, 그 작은 뇌 안에 다시 무한한 우주가 표상된다! 일미진중함시방

―微塵中含十方(하나의 티끌에 온 세상이 담겨 있다)이다. 무한

한 우주 속에 티끌보다 작은 지구가 있고, 그 지구 안에 비교할 수 없이 더 작은 80억 명의 뇌가 있으며, 그 속에 80억 개의 무한한 우주가 표상되고 있다. 지구에 어디 인간만 있는가. 무수히 많은 생명이 있고, 그 많은 생명이 나름의 우주를 표상하고 있다! 우주에 어디 지구만 있는가. 우리가 상상할 수 없는 생명들이 상상할 수 없는 방식으로 우주를 표상하고 있다. 달은 하나지만 천 개의 강에 천 개의 달이 뜬다月印千江. 아들이 하는 인터넷 게임의 세계는 우리 집 거실의 컴퓨터 모니터에만 존재하는 것이 아니라 바로 옆집에도 존재할 수 있고 지구 반대편의 어느 집에도 존재할 수 있다. 아무리 멀리 떨어져 있어도 동일한 게임 공간에 들어와서 같이 돌아다닌다. 마치 영화 <매트릭스>의 매트릭스 공간에서처럼.

이 모든 세계가 나의 뇌가 만들어 낸 것이라면 나의 뇌는 또 어떠한가. 나의 뇌는 어떤 실체인가. 나의 뇌 역시 나의 마음에서 뇌라는 모습으로 인식되는 세계의 일부다! 외부 세계를 포함해서 나의 뇌, 몸, 생각 등이 모두 내 마음, 내 의식이다. 애당초 뇌와 뇌 밖의 세계로 구분하는 것 자체가 커다란 가정이다. 우리가 밤에 꿈을 꿀 때 그 꿈은 통째로 하나의 꿈이다. 하나의 꿈속에 산과 강도 있고, 나와 친구도 있고 적도 있다. 분리할 수 없다. 그냥 하나의 꿈 세계다. 꿈은 통으로 나의 의식인데 그 속에 산과 강을 나누고 나와 친구와 적을 나누고 울고 웃는다.

꿈속에서 아무리 돌아다녀도 한 걸음도 꿈 밖으로 나가지 못하듯이 나는 나의 의식세계를 나간 적이 없으며, 거리의 아스팔트 위로 내리는 저 비도 내 마음에 내리는 비다. 아니, 저 비도 내 마음이다. 결코 수사적 표현이 아니다. 일체유심조一切唯心造고 만법유식萬法唯識이다. 모두가 물에서 일어나는 물결이다. 결국 모든 것이 '마음'이라고도 불리고 의식의 세계일 뿐이다.

마음은 뇌나 가슴에 있는 것이 아니다. 우리가 경험하는 모든 세계가 내 마음이다. 이 모든 세계가 의식의 세계다. 내 마음의 펼쳐짐이다. 물과 파도를 나눌 수 없듯이 의식과 세계를 나눌 수 없다. 마음과 세계가 둘이 아니다不二. 다만 무슨 업연業緣 때문인지 나의 에고는 특정한 부분(나의 몸, 욕구, 생각, 감정, 감각 등)만을 나라고 집착한다. 그렇지만 나는 고정된 실체가 아니다. 마음의 동일시 작용에 따라 자식도 내가 되고, 차나 명품 가방도 내가 되며, 특정한 이데올로기나 종교의 교리도 내가 된다. 어떤 것이든 일단 '나'가 되면 우리는 그것이 손상되지 않을까 불안해하며, 손상되면 분노하거나 좌절한다. 또한 그것에게 유익함이 있을 때는 기뻐하고 만족해한다.

이 사실을 이치로 알든 체험으로 알든, 그 앎이 실제 세계에서 살아가는 데 어떤 영향을 주는가? 중학생 시절 도서관에서 책을 읽다가 온도가 물체와 물체 사이에서 일어나는 분자운동의 속도 차라는 것을 알게 됐을 때 온몸에 전율이 일듯이 흥분했었다. 세상에! 뜨겁고 차가운 온도라는 것이 물질의 운동 차라니! 그 당시 온도를 새롭게 알게 되었다는 기쁨과 함께 말로 표현하기 어려운 신비감에 빠졌던 기억이 난다. 그러나 이러한 정서적 고양을 수반한 온도에 대한 앎이 나의 생활을 바꾼 것은 별로 없다. 여전히 차가운 것은 차갑고 뜨거운 것은 뜨겁다. 차가운 것이나 뜨거운 것을 더 잘 견딜 수 있게 되지도 않았다.

많은 경우 우리의 앎과 실제 생활은 별개로 돌아간다. 태양이 아닌 지구가 돈다는 것은 이제는 초등학생도 알지만, 우리의 일상생활에서는 여전히 내가 사는 지구는 가만히 있고 태양이 돌면서 뜨고 진다. 이 세상이 바로 나의 마음이고 나의 의식의 일렁임이라는 것을 알아도, 어떤 업식業識 때문인지 실제 생활에서는 '나'라는 인식이 나와 세계를 나누고 중생놀음, 에고놀음을 한다.

이 세계가 오직 내 마음이 만든 세계임을 알아도 일상생활에서는 이 앎을 자꾸 놓친다. 중력과도 같은 에고의 업력業力에 자꾸 끌려 들어간다. 일상생활에서는 가급적 마음챙김을 놓치지 않으면서 지혜와 자비로 에고의 업식을 녹이며 행동에 어긋남이 없도록 노력해야 한다. 매 순간 에고의 집착에서 오는 탐욕과 화와 어리석음을 내려놓지 않고는 에고의 모습놀이에 굴림을 당할 뿐이다. 자칫 일체유심조의 메시지를 잘못 읽어 이 세계가 꿈과 같으니 허망하다고 생각하거나 자기 마음대로 해도 된다고 생각한다면 그것은 잘못 안 것이다. 여전히 에고로서의 나에 들어앉아 있는 것이다. 조금이라도 자신이 물결이기도 하지만 물임을, 의식의 개별 현상이기도 하지만 의식 자체임을 알게 되었다면 그런 생각을 할 수 없다. 이러한 앎은 둘이 아닌ㅈㅡ 경지다. 안과 밖, 꿈과 실제, 있음과 없음을 넘어선다. 이것은 깨닫고 체화되어야 한다.

우리는 지구에 오면서 빌려온 몸과 마음으로 세상을 경험하며 성장한다. 그 과정에서 우리는 때때로 흔들릴 것이다. 삶의 매 순간 휘청이기도 하고, 넘어지기도 할 것이다. 하지만 그 흔들림이 결국 우리를 더 성숙하고 단단하게 만든다. 흔들릴 줄 아는 사람은 결코 부러지지 않기 때문이다.

　우리가 삶의 바람에 유연하게 흔들릴 수 있기를, 흔들리며 삶을 있는 그대로 받아들이고 성장하는 지혜와 함께 걷기를, 온 마음을 다해 기원한다.

흔들릴 줄 알아야 부러지지 않는다

초판 1쇄 인쇄 2023년 08월 28일
초판 1쇄 발행 2023년 09월 04일

지은이 김정호
펴낸이 이부연
총괄디렉터 백운호
책임편집 윤다희
표지디자인 데시그

펴낸곳 (주)스몰빅미디어
출판등록 제300-2015-157호(2015년 10월 19일)
주소 서울시 종로구 내수동 새문안로3길 30, 대우빌딩 916호
전화번호 02-722-2260
인쇄·제본 갑우문화사
용지 신광지류유통

ISBN 979-11-91731-53-8 (03190)